Oeuvres mêlées de M. de Rozoi Volume 2

Durosoy, Barnabé Farmian, 1745-1792

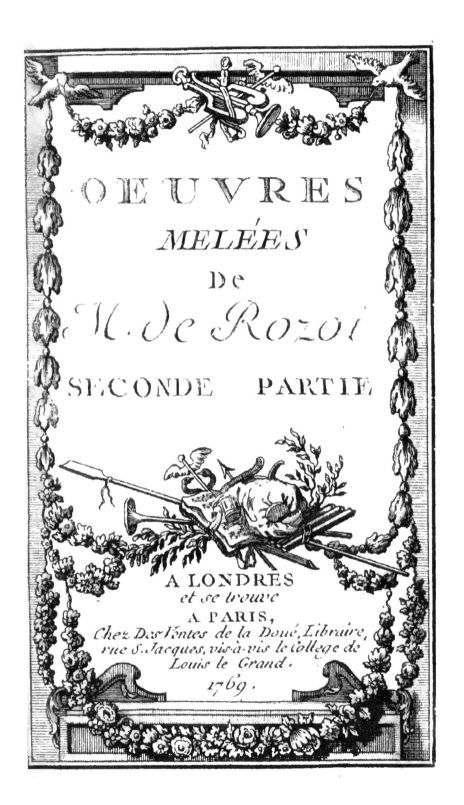

OEUVRES

MELÉES

DE

M. de Rozoi

SECONDE PARTIE

A LONDRES
et se trouve
A PARIS,
Chez Des Ventes de la Doué, Libraire,
rue S. Jacques, vis-à-vis le collège de
Louis le Grand.
1769.

ŒUVRES
MÊLÉES.

LIVRE PREMIER.

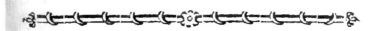

FABLES.

FABLE PREMIERE.

Le Masque & le Visage.

A MADAME DE V....

Vous l'ordonnez, mon Uranie,
Que je tire de mon cerveau
Quelqu'apologue & gentil & nouveau ;
Travaillons donc ; vous serez obéie,

Tome II.   A

Non pas pour un, mais pour un livre entier,
    Mon feu fe va multiplier:
  Et quand mon cœur pour vous fe facrifie,
Mon amour-propre auffi fe veut facrifier;
D'ailleurs vous me donnez une nouvelle vie:
De mon efprit mon cœur devient jaloux,
    Et je fens, quand j'écris pour vous
    Que je travaille de génie.
    Mais quel fujet vais-je choifir ?
    La fable eft un pays fertile,
On y trouve fans ceffe à femer, à cueillir :
    Mais bien que le fol foit docile ,
Toute femence enfin ne peut pas y venir;
    Il en eft plus d'une inhabile
A profiter des fucs qui devroient la nourrir;
  Autant vaudroit une terre ftérile.
Autre travail encor; pour remplir fon objet,
    Il faut que tout fruit foit utile ;
    L'agréable divertiroit :
    Mais tout apologue bien fait
Doit inftruire à la fois & la cour & la ville ;
S'il plaifoit feulement il feroit imparfait.
    J'en tiens un, fi je ne m'abufe,
    Qui remplira bien mon projet.
    Il va dévoiler un fecret
Commun à tout le monde, & dont la foible rufe
Nous trahit chaque jour & trop fouvent nous plaît.
Narrons, mon Uranie ; heureux fi chaque trait
    Vous intéreffe ou vous amufe.

Un homme que le Dieu qui préfide au plaifir
N'avoit point honoré d'un regard favorable,
    Au fein d'un bonheur peu durable
    Avoit puifé le plus long répentir;
      Que de douleurs! le pauvre diable
      Paffoit les jours à fe maudir.
    Même bientôt on vit fur fon vifage
      Des traces de fes doux loifirs;
Cette bonne Vénus, à qui tout rend hommage,
      Ayant des autels en partage,
      Il faut bien qu'elle ait fes martyrs.
    Celui-ci donc, très-dolente victime,
    Par fes devoirs forcé de fe montrer,
      Ne fçavoit comment réparer
      Les triftes marques de fon crime.
      Un mafque voyoit fa douleur:
    On prétendoit qu'une jeune Nonnette,
      Pour plus d'une raifon fecrette,
Avoit fait travailler ce vifage impofteur.
    L'artifte avoit furpaffé la nature:
Il avoit imité l'air doux, l'air de pudeur;
      Vrai fymbole d'une ame pure:
    Avec ce mafque, & fa noble impofture,
On auroit pu vanter fes mœurs, & fon honneur.
    C'étoit un vieux bien de famille
Que l'inventeur voulut que toujours on légât:
      Dans les circonftances d'éclat,
    On le paffoit de la mere à la fille,

Du Juge au Financier, du Guerrier au Prélat.
Son dernier poſſeſſeur fut ſaiſi de ſurpriſe,
En entendant parler ce merveilleux tréſor;
Ne me négligez point, je vaux mon peſant d'or,
Lui dit le maſque : allez, plus d'un homme d'égliſe
S'eſt bien trouvé de moi ; je parois neuf encor.
Profitez ; ma fraîcheur vous ſera toute acquiſe ;
Vous en avez beſoin ; excuſez ma franchiſe.
Je reparerai tout. Du pauvre patient,
      Le viſage dans ce moment
    Prit la parole en ordonnant au ſire
      D'uſer de ce maſque décent,
      Qui n'offrant rien que de ſéant,
      Empêcheroit les gens de rire.
      Quoi ! mon viſage parle auſſi,
      Se dit alors le miſérable ;
      Ah ! voilà mon ſecret au diable :
Il ne me reſte plus qu'à prendre ce parti.
Venez, Monſieur le maſque ; & ſur-tout bouche
                         cloſe;
Le maſque une fois pris, mon homme avec plaiſir
    Conſidere ſon teint de roſe,
    Et la ſanté qui paroît y fleurir.
      Enchanté de ſon ſtratagême,
    Auprès du ſexe il eſt entreprenant ;
      L'ingrat s'eſt oublié lui-même :
      Il en devient impertinent.
    En vérité, dit la premiere femme,
      Votre teint eſt d'une fraîcheur ;

Vous m'étonnez. Mais fur mon ame
J'ai tout à craindre pour mon cœur.
La feconde beaucoup plus fine,
Dit : Où donc prenez-vous cette gentille mine?
Avez-vous vu votre peintre aujourd'hui?
Mais enfeignez-le moi; j'aurois befoin de lui;
La couleur eft ma foi très-belle.
Pour comble de maux un rival,
(Et ces fortes de gens ont un œil bien fidele)
Lui dit : quoi ! mon ami, vas-tu ce foir au bal?
Comment t'y verrons-nous, en Amour, en Mer-
cure?
Mais tu n'y penfes pas : c'eft trop tôt fe mafquer:
Et la belle de répliquer,
J'en étois dupe, je vous jure;
Vous me le faites remarquer.
Dans la ville bientôt on fçut cette aventure.
L'homme s'enfuit la rage dans le cœur:
Au mafque jugez s'il fit grace;
Il s'en faifit, le jette avec fureur
En maudiffant fon ufage trompeur;
Une Bigotte le ramaffe
Et le porte à fon Directeur.
Je trouve en ce récit deux leçons importantes :
La premiere eft qu'il faut toujours fe défier
De ces figures fi décentes
Que le rire femble effrayer.
Tout plaît dans cette candeur feinte :
On croit à tant d'heureux attraits.

Levez le masque, & le crime & ses traits
Cachent dessous leur effroyable empreinte.
L'autre leçon, c'est qu'on ne doit jamais,
Pour déguiser les erreurs de sa vie,
  Croire emprunter avec succès
  Le masque de l'effronterie.
A la société bien loin d'en imposer,
  On n'en paroît que plus coupable :
  Souvent un scélérat aimable
  A l'art de se faire excuser ;
Mais pour ces gens qui par une humeur fiere
  Mettent le public au défi,
  Et qui pensant le faire taire,
  Parlent toujours plus haut que lui :
  Tôt ou tard par la médisance,
  Leurs grands airs sont humiliés,
  Et le railleur foule à ses pieds
  Le masque de leur impudence.
N'ayons point de détours : si même par les sots,
Avec le plus grand soin nos fautes sont comptées ;
Pour notre peu d'art même elles sont supportées ;
  Par fois le monde excuse nos défauts :
Mais ne pardonne point aux vertus empruntées.

FABLE II.

Le Chat.

Un homme avoit un chat, c'étoit tout son plaisir;
  Beau ?... point du tout : l'amour est un caprice.
Ingénieux ? rien moins : trop d'esprit fait haïr.
  Puis l'orgueil veut qu'un flatteur réussisse ;
    Au mérite rend - on justice ?
  Non : l'art de plaire est celui d'obéir.
    L'art de notre chat fut d'apprendre
A bien tenir un fallot allumé :
    Son maître aussi benin que tendre,
    De son adresse étoit charmé.
Nulle distraction : aucune friandise
    N'eût excité sa gourmandise ;
  Le flattiez-vous, il jouoit de la dent :
La reine des matous envain avec tendresse
    Eût prodigué mainte caresse,
  Il voyoit tout d'un œil indifférent.
    Par-tout on parloit de sa gloire,
Et même pour exemple on proposoit le chat,
    A ce que rapporte l'histoire,
    A plus d'un ministre d'état.
    Un automate de province
    Arrive à Paris dans ce temps,
    Admirant tout, ayant d'un prince
          A iv

Les habits & le lourd bon fens.
Etre fçavant eft incommode :
Auffi n'étoit-il point attaqué d'un tel mal !
Etre curieux eft de mode ;
Il voulût voir le célebre animal.
Il arrive & d'abord s'étonne ;
Bientôt de l'air qu'un habit brodé donne,
Tire vingt-cinq louis : je gage ce rouleau
Faire ce que n'a fait perfonne ,
Lui faire quitter fon flambeau.
Le maître accepte la partie :
Mon benet tire maint bonbon ,
Un maffe-pain , un macaron ;
Mais d'y toucher le chat n'eut point d'envie :
Bien fimple en étoit la raifon ,
Il n'aimoit pas la fucrerie.
Mon richard perd , s'en va content de fa folie ;
Payer des riens eft du bon ton.
Un plus adroit avoit vu la gageure ,
Gafcon pour le propos , bas Normand de figure ,
Trop rufé d'un karat , d'un rien de plus frippon.
Il s'en va , puis revient , fait défi bourfe ouverte ;
L'autre raillant de fon mieux ,
Gage & déja dévore tout des yeux :
En tout temps par le gain un fot court à la perte.
Pour fufpendre un peu les efprits ,
Mon efcroc offre au chat quelques ragoûts exquis :
Le chat tient bon , mais enfin d'une boëte
Sort la rufe qu'il tenoit prête ;

Adieu, chandelle, adieu, louis,
Mon chat pourfuit; quoi donc? c'étoit une fouris.

Le fens de cette fable eft facile à comprendre :
Qué de gens dans ce monde exaltent leurs vertus !
Mais pour les voir bientôt vaincus,
Par leur foible fçachez les prendre.
Qu'importe à tout avare un objet jeune & tendre,
A tout galant qu'importent des écus ?
Quand au penchant qui nous domine,
Rien ne préfente un appas délicat,
Notre cœur réfifte & combat :
Il fuit de la raifon la lumiere divine ;
Cet appas s'offre-t-il ? il cede : un rien l'abat ;
Le flambeau tombe, & tout homme eft mon chat.

FABLE III.

Les Chevaux & les Taureaux, les Anes
& les Cerfs.

Tous les talens ont leur enfance :
Les Arts naquirent par degrés ;
Très-long-temps les mortels fe virent égarés
Par leur débile intelligence.
De nos premiers aïeux la groffiere ignorance
Nous a rendus plus éclairés :

Les seuls malheurs du monde en ont produit les
sages :

Le bonheur fut par eux avec peine enfanté ;
     Heureuse encore l'humanité ,
     Quand l'erreur après bien des âges
     Nous conduit à la vérité !

Un homme né dans un de ces climats sauvages ,
Où l'habitant grossier ne sçait rien inventer,
     Où le premier, le seul de ses ouvrages
     Est de vivre pour végéter ;

Un homme cependant doué par la nature,
D'un esprit plus penseur, d'un bon - sens plus
heureux ,

     Combina que l'agriculture
Seroit pour son pays un trésor précieux.
     Il avoit lu qu'il étoit sur la terre
     D'autres mortels industrieux ,
Qui fécondoient leur sol en lui faisant la guerre ;
     En le forçant de répondre à leurs vœux.
     Même d'un soc, d'une charrue,
     Il sçavoit la description ;
Le desir d'être utile est une passion,
Qui par aucun travail n'est jamais retenue.
     Mon homme avoit encor appris
Que certains animaux servoient au labourage ;
     En raisonnant il avoit bien compris
Comment on devoit faire & guider l'attelage.
     Le tout étoit de bien choisir
     Les animaux propres à cet usage ,

De prendre ceux qui plus faits pour servir,
Se prêteroient d'eux-même à cet apprentissage.

Point de taureau, point de cheval,
Se disoit le bonhomme : un travail inutile
M'accableroit; l'un & l'autre animal
Au frein seroit trop indocile ;
Choisissons mieux ; je réussirois mal.

L'âne & le cerf obtinrent son suffrage :
Ils sont, ajoutoit-il, d'un caractere doux ;
Ils s'accoutumeront beaucoup mieux à l'ouvrage ;
Et jamais ne voudront résister à mes coups.

Il se trompoit : rien ne devint fertile :
Le cerf étoit sans force, & partant inhabile ;
L'âne bien que plus fort, étoit trop paresseux.

Point de moissons. Pour être heureux
Il ne suffit donc point de tâcher à bien faire,
Il faut encor bien choisir ses moyens :
Et le succès souvent dépend de mille riens,
Dont le moindre étoit nécessaire.

Quand il fallut labourer de nouveau,
Le bon cultivateur raisonnant en lui-même,
Reconnut son erreur & changea de système ;
Il résolut de prendre & cheval & taureau ;
Pour les dompter que de fatigue !
Mais aussi que de biens! tout réussit au mieux :
Ses compagnons forts & laborieux
Le seconderent bien ; & sa terre prodigue
Enfanta des trésors au-delà de ses vœux.

Ah! qui que vous soyez, dont la délicatesse

Veut faire choix d'un ami, d'un amant,
D'un compagnon d'ouvrage, ou bien d'une mai-
tresse,
D'un fermier ou d'un confident;
Défiez-vous de tous ces caracteres
Toujours souples & complaisans;
Ils font très-bien les courtisans,
Mais font au plus mal les affaires.
Qu'il survienne quelque danger,
De quoi vous servira leur lâche politesse?
Incapables de vous venger,
Ils vous trahiront par foiblesse;
Sans que dans le péril ils veulent s'engager.
J'aime bien mieux ces ames fieres
Que l'on peut quelquefois accuser de roideur,
Mais qui toujours fideles & sinceres
Ainsi que le plaisir partagent le malheur.
Quand l'infortune ou le danger me presse,
Que m'importe l'aménité?
O mes amis, je chéris la rudesse
Qui naît de la sincérité:
Les gens paîtris d'urbanité
Presque jamais n'ont le courage
De vous offrir la vérité,
Ou de vous venger d'un outrage.

FABLE IV.

Le Renard & le Hibou.

Un renard près d'un grand chemin
Au fond d'un arbre avoit son hermitage :
  Escamoteur adroit & fin ,
Il étoit le héros de tout le voisinage :
  Tours de cerceau, de gobelet ,
  N'étoient pour lui que badinage ;
  Sous lui le fameux *Briochet*
  Auroit fait son apprentissage.
Non loin de lui demeuroit un hibou :
  Lugubre voix, triste figure,
  Ayant l'esprit placé je ne sçais où ;
  Au-reste humain , ami de la nature ,
Possédant pour tout bien sa prudence & son trou.
  Au pays même il se rendoit utile :
Les rats couroient, les chats avoient guerre civile :
  Les ratieres étoient à bout ;
  Mais des hibous le mien étoit l'Achille,
  Et l'Attila de la Gent ronge-tout.
    Il avoit par sa vigilance
    Rétabli l'ordre en maint grenier ;
  Il eût été chéri de maint fermier ;
  Mais pense-t-on à la reconnoissance ?
    Dès que le loup s'est retiré ,

Guillot frappe le chien qui l'en a délivré.
    Un jour par ses fanfaronades,
  Notre renard avoit maint auditeur :
    Souvent le fade spectateur
  Etoit l'objet de ses turlupinades.
  Il apperçoit son voisin le hibou,
  Qui revenoit de sa petite chasse,
    Portant sa tête sous son cou :
  Quoi ! lui dit-il, point d'esprit, dans un trou !
  Pauvre innocent, prends un peu plus d'audace :
  Toujours penser, jamais se divertir ;
Foin des réflexions, vive la raillerie ;
    L'esprit, l'esprit, c'est ma partie,
    J'ai de la gloire & du plaisir.
    J'aime bien mieux être imbécile,
Dit le hibou · l'esprit est très-peu bienfaisant ;
    A la félicité civile
    Qu'importe qu'on soit amusant ?
  Souvent l'esprit gâte un cœur innocent.
    Un être simple, mais utile,
  Est citoyen, & n'est pas un plaisant.

Cette leçon vaut bien le tour le plus habile.

FABLE V.

Le Berger & son Troupeau.

Dans un hameau voisin d'une prairie,
Où serpentoit un clair ruisseau,
Colin avoit sa bergerie :
Cent brebis formoient son troupeau ;
Il étoit riche, heureux ; mais peu digne de l'être :
Colin n'étoit pas un bon maître.
Tout lui coûtoit trop cher, il vendoit tout trop
peu ;
Pour lui, duper étoit un jeu.
Cette humeur le rendoit barbare :
Le desir étoit pauvreté ;
Et dans sa prodigalité
Toujours le ciel étoit avare.
Le prix de cent agneaux vendus
Chaque an augmentoit son domaine :
De ses moutons de près tondus
Il commerçoit au loin la laine.
Il les tondoit cruellement :
Mais à sa voix ils sçavoient le connoître ;
S'ils craignoient ses ciseaux, ils l'aimoient comme
un maître,
Qui les eût soignés tendrement.
Peu de chiens, antique clôture,

Les loups entroient facilement :
Il vendoit l'herbe cherement,
Ainſi mauvaiſe nourriture.
Ils l'aimoient cependant tout en mourant de faim:
Eſt-il une peine plus dure
Que de périr du coup, & de chérir la main ?
Enfin de peine & de miſere
Un ſi nombreux troupeau périt :
Plus de laine, d'agneaux, plus même de chau-
miere,
Son avarice l'appauvrit.

Soyez riches de nos richeſſes,
Princes, n'imitez point Colin :
Donner eſt un plaiſir divin :
Théſauriſez par vos largeſſes.
Exigez peu, tout vous appartiendra :
De vos troupeaux ſoyez les peres :
Que des tréſors nos cœurs ſoient les dépoſitaires;
Quand votre main y puiſera,
Le fleuve du bonheur dans des ſources ſi cheres
Jamais, jamais ne tarira.

FABLE VI.

Le Rossignol, le Singe & les Coqs d'Inde.

Dans ce temps où l'aimable Flore
Enchaîne de nouveau le folâtre Zéphyr,
Où de l'onde Phébus semble trop tôt sortir,
    Au gré de l'amant de l'Aurore,
    Où tout renaît par le desir;
    Sous un sombre & charmant bocage,
Un rossignol dans son naïf ramage,
    Chantoit l'amour & le plaisir.
Un singe l'écoutoit : il sçavoit la musique,
    Parloit beaucoup, force bons mots,
    Peu de goût, une humeur caustique,
Du jugement, fi donc, c'est pour les sots;
    Même il aimoit la poëtique;
    Froid narrateur, bavard maudit;
    C'étoit un singe bel-esprit.
Du rossignol la voix belle & naïve,
Inspire aux cœurs une tendre langueur :
    Simple comme elle, à sa douceur
La nature soupire & se rend attentive;
    Mais notre singe étoit un connoisseur.
Mauvais, mauvais, dit-il, c'est à l'ancienne mode;
    Tout se comprend facilement,

Une fauvette en chanteroit autant.
  Vive la nouvelle méthode,
  Mon petit, c'eſt trop ſimplement,
  Du difficile : au nouveau code ;
On ne compoſe plus ſi naturellement.
En grand maître auſſi-tôt ſon organe ſauvage,
  Effraya les Nymphes des bois :
  Bien moins ſçavante, mais plus ſage,
  Là nature eſt ſimple par choix.
Arrivent des coqs d'Inde : il redouble, il fredonne :
  De ſon bon goût pour juges il les prit ;
  L'amour-propre, à qui nous en donne,
  Fait aiſément crédit d'eſprit.
  Il recommence, on applaudit :
Il chante ſans s'entendre, il ne touche perſonne,
  D'éloges il eſt accablé ;
  Le roſſignol s'en va ſifflé :
  Autant lui vaudroit la couronne.

  Le bon goût n'eſt plus dans nos mœurs :
  Fuir la nature eſt le moyen de plaire ;
  Que de ſinges chez les auteurs !
  Combien de coqs d'Inde au parterre !

FABLE VII.

Le Conseil des Animaux.

LES animaux que la terre nourrit,
Tinrent un jour un conseil d'importance:
Des députés chaque espece choisit
Tous respectés pour l'âge & la prudence;
On n'y vit point ceux qui de leurs concerts,
   Font retentir au loin les airs,
   Ni ceux de qui la république
   Connoît pour toute politique
   De vivre heureux au sein des mers.
   L'orateur, d'un ton pathétique
   Parla très-peu, mais parla bien :
Bon conseiller; mauvais grammairien.
Mais chez les animaux fait-on sa Rhétorique?
On parle pour penser ou bien on ne dit rien.
   L'affaire étoit de partager le monde :
Chaque espece à son choix se nommoit un canton,
   Où sans tyran, dans une paix profonde,
Des meurtres, des combats elle oubliât le nom.
   Le cheval se choisit la France.
   Il est galant, folâtre, ingénieux,
   Brave sans être ambitieux,
   Peut être ami de l'inconstance.
   Avec joie on vit le lion

               B ij

Chercher retraite en Angleterre.
On crut les mers une forte barriere ;
   En eſt-il à l'ambition ?
L'ours péſamment trotte vers l'Allemagne :
   Le paon eut faim plus d'une fois
   En ſe retirant vers l'Eſpagne.
   Pour le tigre il ſe fit Danois.
Dans chaque eſpece enſuite on ſe nomma des rois.
   Le léopard , ennemi de tout maître ,
   Prit la Suiſſe pour ſon canton :
   Timide , & prudent à paroître ,
   A Veniſe le limaçon
   Porta lentement ſa maiſon.

   L'âne peupla l'Afrique & la Turquie ;
Chats , taupes , & lapins , ſinges en Italie ;
Unirent leurs eſprits & leur condition ;
   Pour maître , par une folie ,
   Digne de leur bizarrerie ,
   Ils prirent un caméléon . . . .
Ils ſembloient à l'abri de tous malheurs ſiniſtres ;
   Mais nul ne s'en tint à ſon choix ;
   Cabale d'enfreindre les loix ,
   Lynx de ſe faire les miniſtres ,
   Taupes ſouvent d'être les rois.

FABLE VIII.

Le Cheval & le Mulet.

DANS des prés où l'herbe naissante
Offroit aux yeux de verds tapis,
Où maints Silènes assoupis,
Au bord d'une onde gasouillante,
Plus d'une fois firent naître les ris
De mainte bergere innocente ;

Un cheval, jeune, beau, bien fait,
Caracoloit, folâtroit, bondissoit
Près de sa belle. Après le badinage
Il fut heureux, il lui rendit hommage :
Le plaisir fut mutuel & parfait.
Un mulet le regardoit faire ;
Il soupire, maudit sa mere :
Cruel tourment que le desir,
Quand il ne peut produire le plaisir !
Il s'étonne, il trouve illicite
Ce qu'il eût aimé par penchant,
Et comme il ne peut être amant,
Pour être quelque chose il se fait hypocrite.
Aussi-tôt au cheval il fait un long sermon
Sur la décente continence,
Et sur l'affreuse intempérance,

Dont il ne connoît que le nom.
Notre cheval, pour le braver, peut-être
    Ajoute encor à fes transports :
Pour me changer tu fais de vains efforts :
Quoi ! mon ami, moralifer ton maître ;
    Devons-nous juger fans connoître ?
    As-tu foif ? tu cours au ruiffeau :
    Refpectes-tu l'herbe nouvelle ?
La nature jamais fut-elle criminelle ?
    J'aime comme tu bois de l'eau.
Je n'ai jamais jugé l'amour illégitime,
    Plus que toi je fuis innocent :
    Tu ferois pour moi trop fçavant :
Tu m'apprendrois à connoître le crime ;
    Mes vertus font d'être ignorant.

    Le caprice où la politique
    Apprirent aux ambitieux
    Le fyftéme problématique,
Que la nature ignoroit avant eux ;
    Des chimeres d'un fanatique
    On réalife un vertueux.

FABLE IX.

Le Roseau & la Massue.

Un roseau bien uni, d'une couleur riante
Voyant une moitié de tronc prise à dessein
    Aussi noueuse que pesante
    La regardoit avec dédain.
    Vit-on jamais une telle rudesse,
Lui disoit le roseau ? voyez comme je suis
    Charmant par ma délicatesse ;
    Tous mes filets sont bien polis,
    Sans parler de mon coloris ;
Un artiste a sur moi déployé son adresse.
Aussi bientôt joüer de quelques doigts jolis,
Je soutiendrai le pas de la charmante Iris ;
    Et c'est la petite-maîtresse
    La plus aimable de Paris.
    Que pourrois-tu répondre, masse informe,
    A ce discours que tu ne peux nier ?
Le voici, lui dit l'autre ; il faut apprécier
    Et nos talens & notre forme,
    Moins par ce qui peut égayer
    Que par ce qui paroît conforme
A la droite raison qu'on doit étudier.
    Oui, dans la main d'un jeune petit-maître
    Un roseau suffit, & souvent

.Lui paroît - il encore trop pefant ;

Un fi fragile appui convient bien à fon être ;

C'eft une arme pour cet enfant.

Mais dans la main de quelqu'Hercule

Ce n'eft point trop du tronc d'un jeune ormeau;

Et pour fon ufage un rofeau

Deviendroit inutile & même ridicule.

·Retenez bien cette leçon ,

O vous, dont la verve enfantine

Graffaie des fons , & badine

Avec la lyre d'Apollon.

Des plus petits détails les foibles minuties

Sont pour vous de rares travaux :

Vous voudriez affervir les génies

A la contrainte, à l'étude des mots.

Point de tranfports pour nos ames glacées :

Votre didactique cerveau

Calcule chaque lettre & mefure au cordeau

Les fyllabes & les penfées.

Froids écrivains, ceffez de vous glorifier :

La force vous eft inconnue ;

Mais le génie eft un Hercule altier ;

L'expreffion eft fa maffue.

Il lui fied bien d'être nerveux :

Des attraits puérils annoncent la foibleffe ;

Hercule ta maffue eft belle par fes nœuds ;

La vigueur du génie excufe fa rudeffe.

FABLE X.

Le Chien, le Chat & l'Aigle.

Un chien étoit dans un état critique,
Martin bâton avoit fait son malheur :
   Le drôle étoit, dit la chronique,
   D'un caractere un peu voleur.
   Un jour qu'il alloit en maraude,
   Il fut surpris : bâtons d'agir.
   Ce jour vengea mainte autre fraude :
Bonheur lui fut de paroître mourir ;
On cesse enfin : il vécut pour souffrir.
   Il avoit dans son voisinage
Un doucereux & civil animal,
   Au fin sourire, au doux langage,
Un chat, ami du cérémonial.
Bon cœur d'ami, mille offres de services,
   Que son bon cœur ne rendoit pas :
   Ennemi né des artifices,
Louant tout haut & médisant tout bas.
Le hasard veut qu'il passe par la voie
   Où notre voleur expiroit :
Dès qu'il le voit, il fait trois sauts de joie,
   Non de ses maux, mais d'espoir qu'il vivroit ;
Je rends justice : il le plaint, s'intéresse,
De ses griffes à fond ses blessures caresse,

Il va verser des larmes de pitié ;
　　Tant le serroit avec tendresse ,
　Qu'il l'étouffoit , le tout par amitié.
　　Un aigle voyoit la maniere
Dont ce chat exprimoit ses regrets généreux :
　　Sà fierté noble , mais févere ,
Condamne le coupable , & plaint le malheureux.
　Il s'en approche , & prenant dans sa serre
　　Ce confolateur doucereux ,
　　D'un coup il l'étend mort à terre.
　Bientôt d'un ton dur , mais officieux ,
　Tanfe le chien fans braver fa mifere.
　A vos dépends devenez vertueux ,
　　Pardonnez fi je fuis auftere :
　　Mais tout flatteur eft dangereux ;
　Et l'ennemi le plus pernicieux
　　Eft l'ami qui n'eft point fincere.
Le chien avoua tout , l'embraffa , fut docile :
　　Pour prix de fa docilité ,
　　L'aigle prit foin de fa fanté ;
Pour vivre amis ils n'eurent qu'un afyle.

Le zele n'eft fouvent qu'un faux mafque emprunté :
　　Chériffons un ami rigide ,
　　Il aime dans l'adverfité :
　La politeffe eft trop fouvent perfide ;
　Moins de dehors , plus de fincérité.

->:<-

FABLE XI.

La Solle.

U
N certain homme enflé de sa puissance,
Très-occupé, ne faisant jamais rien,
Un jour d'un ton rempli d'orgueil & d'importance,
 Devant un simple citoyen,
De son sort malheureux plaignoit la dépendance.
Vingt autres fainéans, commis de sa Grandeur,
Sous lui faisoient mouvoir leur stupide machine,
 De leurs travaux ils suivoient la routine :
 Et comme lui déploroient leur malheur
De se sacrifier chaque jour par bon cœur,
 Pour soutenir l'état dans sa ruine.
 L'homme aux commis en s'admirant
Paraphoit, sans rien voir, mainte & mainte écri-
      ture,
Croyant se dévouer pour toute la nature,
  Lorsqu'il donnoit en digérant
  Pour tout travail sa signature.
  Puis il disoit en griffonnant :
  Que vous êtes heureux, vous autres !
  Que sont vos soins au prix des nôtres?
Oui, plus j'y songe, & plus je me trouve éton-
      nant.
Je trouverois bien des choses à dire

Sur ce fujet, lui dit le citoyen alors.
L'autre répond : parlez ; fur-tout point de fatyre :
Chez moi les imprudens ne font pas les plus forts.

    Je le fçais, repartit le fage,
    Une fable me fuffira :
Son précepte eft tiré d'un proverbe en ufage ;
    Mais le fujet m'excufera :
Il faut à fon état conformer fon langage.

    Le cuifinier d'un grand Seigneur
    Préparoit un plat de friture,
    Pour un de ces repas d'honneur,
Où plus d'un financier devoit faire figure.
    Ces Meffieurs ont plus d'appétit,
    Pour l'ordinaire que d'efprit :
    Auffi grande étoit la dépenfe ;
    Etre gourmet eft toute leur fcience.
Une folle, morceau digne de ces gloutons,
    Du cuifinier implorant la clémence,
    Comptoit fes petites raifons :
    La peur donne de l'éloquence.
    Eh-quoi! Monfieur, tuer ainfi les gens !
A peine, foi de folle, ai-je vécu deux ans.
Votre maître avant peu, s'il fait tant de dépenfe,
    Epuifera tous fes étangs.
    Eft-il plus gourmand que fenfible ?
    Dites-lui bien qu'à fa fanté,
    De tant de mets la quantité
    Pourroit un jour être nuifible.

Mais vous-même, Monfieur, de grace épargnez-
                                                    moi.

Je voudrois le pouvoir, petite miférable,
    Dit le cuifinier intraitable ;
    Mais ici donné-je la loi ?
    D'ailleurs, il faut orner ma table.
    Mon maître fçait-il amaffer ?
    Le ciel pour manger le fit naître.
Quel plaifir auroit-il ?... Ah ! dit l'autre, en bon
                                                    maître,
    Celui de nous voir engraiffer....
    Allons, petite raifonneufe,
    D'être le mets de Monfeigneur
    Ne ferez-vous pas trop heureufe ?
    Faites-moi grace du bonheur,
    Dit la folle, dont croît la peur.
Qui tient la poële eft bien le plus à plaindre,
Repart le cuiftre, & puis il s'en faifit :
    Le défefpoir ne fçait point feindre.
    Non, dit la folle avec dépit ;
Le plus à plaindre eft celui que l'on frit.

F A B L E XII.

Le Cerf-volant & la Lame de plomb.

Un cerf-volant voyant les efforts furieux
    Des fils de l'humide Borée,
    Levoit une tête assurée
Se promettant d'aller toucher aux cieux.
Une lame de plomb sur sa masse immobile,
    Non loin de lui restoit tranquille.
    Que fais-tu là, lui dit le cerf-volant ?
    Métal abject : connois ma destinée,
    Je veux, avant la fin de la journée,
    Atteindre aux cieux de mon front triomphant.
Vil objet, lui dit l'autre, en sortant de sa mine,
    Oses-tu bien faire ici l'insolent ?
    Que pourrois-tu sans la main de l'enfant
    Qui te gouverne & te domine ?
    Tel vent a fait ton élévation :
Change-t-il ? te voilà rempant dans la poussiere :
Ta grandeur naît d'une cause étrangere ;
    Jouet d'un enfant sans raison,
Ne l'amuses-tu plus, tu retombes à terre.
    Pour moi, je me cache aux humains :
    J'enrichis les lieux que j'habite,
    J'en suis content ; si je les quitte,
C'est pour servir d'ouvrage aux plus habiles mains.

Volerois-tu si tu n'étois fragile ?

Ton mérite est d'être un flexible osier ;

Mais quant à moi, sinon aux instans d'être utile,

Jamais on ne me voit plier.

Dans ce portrait allégorique,

A votre avis, qu'ai-je réprésenté ?

Le courtisan pensant par méchanique,

Riche d'un éclat emprunté,

Qu'un rien soutient, qu'un souffle abaisse,

Qui s'éleve en rempant & parvient par souplesse ;

L'autre est tout philosophe, innocent, inconnu,

Content d'être ignoré, riche de sa sagesse,

Qui ménageant nos cœurs se prête à leur foiblesse

Pour les gagner à la vertu.

Le courtisan parvient, s'éleve.... le vent change,

C'est l'osier revêtu dans l'air abandonné ;

Ce cerf-volant va tomber dans la fange

Du marais, sur les bords duquel il étoit né.

FABLE XIII.

Le Pigeon & l'Aigle.

RENDRE service est faire des ingrats,

Disoit mourant de faim & de misere

Un pigeon voisin du trépas :

Les grands exigent tout, & ne le rendent guere.

Seigneur Aigle, je meurs de faim,

Apporte-moi, de grace un peu de grain.
   Le fire étoit du caractere
   Dont font les grands: fier, inhumain,
   Dédaignant de defcendre à terre,
   Tyran dans la profpérité,
   Foible & rempant dans l'infortune,
   Et bientôt trouvant importune
La main qui le foutint dans fon adverfité.
   Le drôle avoit été malade,
   Nul ami qui plaignit fon fort:
   L'alloit-on voir? ce camarade
   Venoit fçavoir s'il étoit mort.
Notre pigeon qui de cette ame dure
   Avoit reçu plus d'une injure,
Seul fut touché, le foigna, le plaignit,
   De fes plumes lui fit un lit
Jufqu'à l'inftant où guérit fa bleffure.
Un jour venant de chercher à fouper
   Pour cet ami trop infidele,
   Un enfant voulant l'attraper
   Lui fronde une pierre dans l'aîle.
   A peine il put regagner le logis.
Ah! dit-il en entrant, foyez-moi fecourable,
   Cher ami; mais l'impitoyable
Lui répondit par un cri de mépris,
Et s'envola. Dieux! dit le miférable,
Le plus cruel des maux dans mon état
Eft la douleur d'avoir fait un ingrat.
Il en mourut de douleur & de peine:

                Un

Un des fiens pleurant fes malheurs,
Tint ce difcours en mouillant de fes pleurs
Son corps étendu fur l'arène :
Petits, fuyez les grands, ne les obligez pas ;
En eft-il un feul qui ne penfe
Vous honorer, quand fa fiere arrogance
Vous permet par bonté de lui tendre les bras ?
Qu'attendez-vous de leur reconnoiffance ?
Tout eft pour vous devoir & pour eux bienfai-
fance.
Pourquoi craindre que le trépas
Ou le malheur épuife leur conftance ?
Ils ne craignent point d'être ingrats.

F A B L E XIV.

Le Cerf & la Tortuë.

Sur les contours d'une citrouille ronde
Une tortuë un jour se promenoit,
     Et lentement s'acheminoit :
Pour la Dame c'étoit faire le tour du monde.
     Elle avoit un dessein à cœur ;
Devinez le sujet du pénible voyage :
     Elle alloit en pélerinage,
     Pour demander au ciel avec ardeur
     Plus de vîtesse & moins de pesanteur.
Sa marche sieroit mieux étant plus ralentie.
     Qui la voyoit marcher si fort
     La prenoit pour une étourdie :
     A son rang cela faisoit tort ;
     Tous les petits ont la manie
     D'avoir des grands le langage & le port.
Un cerf entendit tout ; vous vous mocquez, ma
                          bonne ;
     Si vous marchiez plus lentement,
Autant vaudroit rester dans votre appartement.
     Seriez-vous Normande ou Gasconne ?
     Je vous le dis par amitié,
     Quittez cet orgueilleux langage,
Un de mes pas est pour vous un voyage ;

Tout faquin eſt un ſot, & tout ſot fait pitié.

A ce propos la Dame enfla de rage,

Puis en femme voulant lui ſauter au viſage,

Alla heurter la corne de ſon pié,

Plus utile lui fut ſa langue ;

Le cerf de ce côté s'avoue moins léger :

Elle lui fit une longue harangue ;

De qui cherche le bref, c'eſt ſçavoir ſe venger.

Le petit imprudent ! voyez ſa ſuffiſance !

Quiconque a du mérite eſt ſot de s'en vanter ;

Se louer eſt d'une inſolence

Qui toujours ſe fit déteſter.

Mais, dit le cerf, ma bonne Dame,

Qui de nous deux eſt le plus orgueilleux ?

Vous qui de ma vîteſſe enragez dans votre ame,

Moi qui la prends comme un préſent des Dieux :

En me voyant courir, dans votre humeur cauſti-

que

Vous cherchiez moins à me louer,

Qu'à trouver ſur ce don quelque trait de critique

Qui vous autoriſât à le déſavouer.

Ceci s'adreſſe à vous, enfans de l'ignorance,

Que le talent d'autrui rend en ſecret jaloux :

Pourquoi cette fureur d'accuſer d'arrogance

Tous ceux dont les ſuccès vous mettent en cou-

roux ?

De votre humilité vantez-moi l'importance :

On voit bien d'où partent vos coups.

Eh ! pauvres gens, taiſez-vous par prudence ?

C ij

Votre vertu naît de votre impuiſſance ;
Quel ſage veut être humble au même prix quo
vous ?

F A B L E   XV.

Le Straʒ & le Diamant fin.

Un voyageur, mais curieux d'apprendre,
Moins vagabond que ſpectateur,
Vouloit tout voir & tout entendre,
Jetter ſur tout un œil contemplateur.
Pendant le cours de ſes voyages,
Il ſe promit d'aller chez un peuple fameux,
A qui le monde entier prodiguoit ſes ſuffrages:
Deſir lui prit, de ſçavoir ſi des ſages
Formoient ce peuple immenſe autant que glo-
rieux ;
S'il ne préféroit point, à l'honneur d'être heureux,
Le vain deſir de le paroître ;
Si moins profond qu'ingénieux,
Il ne jugeoit pas ſans connoître,
Et ſi ſon vrai talent peut-être
N'étoit pas d'éblouir les yeux.
Il arrive. Eprouvons, ſe dit-il à lui-même,
Si le monde entier a raiſon ;
Dans l'univers plus d'un grand nom
Ne tient pas contre un ſtratagême :

Pour les grands en paſſant j'écris cette leçon.
    Enfin un jour dans la place publique,
        Le voyageur philoſophique
        Met en vente des diamans :
Notre homme fait deux parts ; il met dans la
                                    première
        Nombre de ſtraz d'une valeur précaire,
        Faux, des plus faux, mais ſinguliers, brillans,
        Et d'une forme à tromper le vulgaire.
            Dans la ſeconde un diamant
            Devoit lui ſeul coûter autant
        Que tous les ſtraz. Son eau brillante & pure
    N'offroit ni points, ni taches, ni défauts ;
            Ce tréſor, jeu de la nature,
        Humilioit & l'art & ſes travaux.
            On ſe le diſpute ſans doute . . .
Point du tout : le ſtraz ſeul trouve des acheteurs :
    On eſt ainſi privé par mille poſſeſſeurs,
Moins pour ce que l'on vaut, que pour ce que l'on
                                    coûte ;
            Et puis croyez aux connoiſſeurs.
        On entendoit mainte élégante,
    Dire en riant : ils ſont faux, j'en conviens,
        Mais j'aime mieux cent jolis riens,
Qu'un ſeul vrai diamant ; j'en ſerai plus brillante.
        Plus d'un œil y ſera trompé,
Et pour un connoiſſeur qui verra le myſtere,
        J'éblouirai le bon vulgaire,
Dont je veux rire encore après l'avoir dupé.

Le voyageur bien inſtruit par lui-même,
    Du goût d'un peuple ſi vanté,
    S'applaudit de ſon ſtratagême,
    Et pleura ſur l'humanité.
Le lendemain liſant par aventure,
Quelques livres nouveaux chers à tous leurs lec-
                    teurs;
    Il s'écria : Peuple, eſt-il dans tes mœurs,
    Que toujours l'art étouffe la nature?
Eh-quoi! par-tout du ſtraz, par-tout quelques
                   finesſes,
    Jamais du vrai; mais que ſert d'éblouir?
    C'eſt travailler ſoi-même à ſe trahir;
    Moins de brillant, plus de richeſſes.

Le précepte eſt fort bon, mais un peuple jamais,
Fut-il ſi peu ſenſé? Ce conte eſt une fable:
    Un tel trait n'eſt pas vraiſemblable;
    Demandez à tous nos François.

FABLE XVI.

La nouvelle maniere de greffer.

Un homme avoit beaucoup d'arbres fauvages :
Il étoit riche, & pourtant convaincu
Que le premier de tous fes appanages
    Etoit un efprit étendu,
    Un grand bon fens, rare vertu,
    Qui plus que l'efprit fait des fages.
Ses moins riches voifins lui fembloient des vaf-
                faux,
    Qui tous devoient refpecter fes ufages :
Il n'avoit point d'amis, mais force commenfaux,
    Dont un repas lui vendoit les fuffrages.
Un jour au milieu d'eux comptant fes fauva-
                geons,
    Il propofa comme un rare fyftême
    De les enter dès ce jour même,
Sur des arbres fruitiers, dont les rameaux féconds
    Portoient des fruits d'une faveur fuprême.
A ce récit, j'entends un auftere cenfeur
  Se récrier avec impatience :
    Vous vous moquez, Monfieur l'Auteur,
On ne porta jamais auffi loin l'ignorance,
    Et la ridicule fureur,
    De jouer l'homme d'importance ;

Faites-nous grace... Eh ! vous-même, Monſieur,
    Accordez-moi quelque ſilence.
Si je vous puis prouver que ſous vos yeux
Chaque jour même choſe arrive à notre honte,
    M'en croirez-vous ?... Souffrez que je raconte :
      Bientôt vous me comprendrez mieux.
      D'abord tous les voiſins du ſire
      Dont je trace ici le portrait,
      S'en moquerent, quoiqu'en ſecret :
    Et pour le moins le crurent en délire.
      Mais pas un d'eux à ſon château
N'étoit venu ſans un ſujet de brigue :
      L'un vouloit leſter un vaiſſeau,
L'autre briguoit un poſte : une amoureuſe intrigue
Coûtoit à celui-ci chaque jour un cadeau ;
Chaque jour donc c'étoit emprunt nouveau :
Et flatter un Créſus, c'eſt le rendre prodigue.
Mais applaudir un ſot moins ſenſé qu'un oiſon,
      Sur le bon arbre enter le ſauvageon !
      Chacun ſentoit le ridicule
      De cet eſclavage inhumain :
Mais l'intérêt eſt un diable bien fin :
Et contre l'or qu'eſt-ce que le ſcrupule ?
      Tous ces arbres chéris des cieux,
Fiers de leur vetuſté, dont la ſouche orgueilleuſe
    Diſtribuoit ſa ſeve ſavoureuſe
      Dans des rameaux, dont les fruits précieux
      Offroient une ambroiſie heureuſe,
      Digne de la bouche des Dieux,

Epuiferent envain leur richeffe féconde
    Pour des rameaux, pour des fruits trop ingrats,
Amers, tardifs, effroi des palais délicats,
    Et le rebut ou le fléau du monde.

    Eh-bien! cenfeur, me comprenez-vous mieux?..
      Non, non: d'honneur pas davantage:
    Eh-bien! voici le fens de cet adage;
    Il eft plus vrai qu'il n'eft myftérieux.
      On s'étonne que par le vice
      La race de ces vieux Gaulois,
Preux Chevaliers, les appuis de nos Rois,
      De jour en jour s'abâtardiffe.
      On fe lamente fur cela,
On en cherche, dit-on, la caufe déteftable;
    Qu'on life bien, oui, qu'on life ma fable:...
    Elle eft le mot de cet énigme-là.
      Artifan des maux de la terre,
    Le vil créfus tout fier de fon tréfor
Sçait aux vices des grands fe rendre néceffaire,
Et les veut fes égaux en leur prêtant fon or.
      Par l'appas d'une dot immenfe
Il fe foumet un grand que le vice appauvrit:
      L'or s'échange pour la naiffance;
      L'antique fouche dépérit.

FABLE XVII.

Le jeune Moineau franc.

Tout ce qui peut avoir le caractere
De la pudeur, de l'ingénuité,
O ma Sapho, mérite de vous plaire,
 Et de vous être préfenté.
 Je veux d'une fable naïve
 Vous faire l'hommage en ce jour :
 Et puiffe fa grace expreffive
 Mériter l'aveu de l'Amour.
 Un jeune objet, ami du badinage,
Dont en fe réveillant chaque jour un foupir
 Prouvoit que l'intérêt du defir
 Avoit en lui devancé l'âge,
 Ne refpiroit que le plaifir.
 Un jour dans fes difcours novices
 Il demandoit ce que fignifioit
Ce mot, qu'en le difant tout le monde rioit ;
Mot par qui nous avons défigné les prémices
 De ce tréfor le plus grand des bienfaits,
 Qui rime fi bien à volage,
Et dont un feul inftant on ne peut faire ufage,
 Sans qu'il foit perdu pour jamais.
Or cette queftion, qu'une jeune fillette,
 Hazarde avec naïveté,

Qu'avec dépit souvent elle répéte,
Parce qu'on lui répond avec obscurité,
Ma fable y répondra par sa simplicité,
   Sans trop effrayer l'innocence ;
   Sans rien ôter à la décence
Je sçaurai contenter la curiosité.

Un jeune moineau franc, d'humeur très-vaga-
                     bonde,
De ses aîles déja brûloit de se servir.
   Mais c'est envain que son art le seconde :
   Sa queuë, hélas ! bien plus lente à venir,
Le retenoit au nid. Car malgré son desir,
   Comment ! sans queuë, oser courir le monde ?
Peut-on, ayant un cœur, s'exposer à rougir ?
    Mais le temps qui de tout est maître,
    Fit enfin triompher ses vœux :
    A peine le vit-il paroître
    Ce gage pour lui précieux,
    Que rien ne manquoit à son être,
    Qu'impatient, fier, & joyeux,
    Il s'envole, il part, il s'élance
    Vers un bosquet mystérieux,
Où l'Amour, dont bientôt il chérit la puissance,
    Lui réserve un prix à ses feux.
    Mais toute fillette ingénue
Me dit en m'écoutant : Quoi ! de ma question
    Est-ce là l'explication ?
Cette chose si rare, à mon cœur inconnue ...

C'eſt.... oui, faut-il vous le redire encor ?
C'eſt un oiſeau qui prend l'eſſor
Quand enfin ſa queuë eſt venue.

F A B L E   X V I I I.

L'Homme au ſouhait.

Pour être heureux nous formons des deſirs :
Avec grand ſoin notre zele s'applique
A les ſçavoir transformer en plaiſirs ;
Ample ſujet d'étude, & très-philoſophique !
Mais comment nous y prenons-nous
Pour arriver au but ?... Hélas ! à notre honte,
Nous penſons, nous deſirons tous,
Comme fit l'homme de ce conte ;
Ecoutez bien. Un artiſte parfait,
Enfant chéri du Dieu de l'Harmonie,
Un *Gaviniez* aux loix de ſon génie
Rendoit docile ſon archet.
Il charmoit l'ame & les oreilles :
Et la douceur de ſes accords
Dans tous les cœurs allumoit des transports,
Gages chéris de ſes doctes merveilles.
Un homme l'écoutoit avec raviſſement :
Il s'étonne, & bientôt ſoupire ;
Que n'at-il un pareil talent !
Son cœur jaloux & murmure & deſire :

Quel Violon ! quel Artiste enchanteur !
Oui, oui, je donnerois cette main de bon cœur,
  Difoit cet homme en montrant fa main gauche,
    Pour en jouer comme Monfieur ;

Voilà de nos defirs une légere ébauche.

FABLE XIX.

Le Fer chaud, & la Lame tranchante.

BELLE Zélis, vous êtes dans cet âge
  Où vos attraits méritent nos tributs :
    Et vous reçûtes en partage
De l'efprit, de l'éclat, mille heureux attributs.
  Mais la beauté n'eft rien fans les vertus,
    Et fi la fortune fauvage
  Vous refufa de fes dons fuperflus,
    Fuyez ces amans, dont l'hommage
Croit obtenir les cœurs, quand ils fe font vendus;
    S'il en coûte pour être fage,
  Pour ne pas l'être, il en coûte bien plus.
    L'ignominie & l'indigence
Sont deux fléaux cruels : mon ame l'avouera;
Mais fçavez-vous entre eux quelle eft la diffé-
                              rence ?
    Cette fable vous l'apprendra.
  Près d'un fer chaud, une lame tranchante

Se trouvant par hazard, le fer lui dit ces mots :
 Que votre atteinte est effrayante !
 Que vous faites souffrir de maux !
Vous causez d'un seul coup une douleur cuisante,
 Et le sang coule par ruisseaux.
Moi, je brûle, il est vrai : mais du moins le carnage
 N'est jamais un de mes effets :
 Je n'offre point un spectacle sauvage ;
Et j'épargne les yeux en touchant les objets.
 Tu sçais mal te rendre justice,
Lui dit la lame alors. Je blesse, mais jamais
 Rougit-on d'une cicatrice ?
 Et l'on rougit des marques que tu fais.
 Par un fer chaud on flétrit les forfaits :
Si mon tranchant a puni quelques crimes,
 A la vertu j'immole des victimes,
 Les criminels ne vivent plus après.
 Mais ceux que marquent ton atteinte,
Sont des êtres affreux que l'opprobre poursuit :
 De la honte ils portent l'empreinte,
 Mon tranchant blesse, & ta chaleur flétrit.
Cette fable, Zélis, n'est pas d'un séducteur :
 Mais l'amitié méconnoît l'imposture ;
 Le malheur n'est qu'une blessure :
Sa cicatrice un jour peut faire honneur ;
Mais la honte du crime est une flétrissure :
 Rien ne l'efface ; optez pour le malheur.

FABLE XX.

Le Champ & la Charrue.

CONTRE mon fein pourquoi tourner ce fer,
Difoit un champ, à certaine charrue?
Vous m'aviez dit, que je vous étois cher,
Que pour me confoler des fureurs de l'hiver,
Ma beauté par vos foins m'alloit être rendue.
    Que dis-je? vous me déchirez!
Mon amitié vous trouve inexorable :
Cruelle, un jour vous vous repentirez
D'avoir trop écouté cette rigueur coupable.
Et la charrue alors de toujours pénétrer :
    Combien d'obftacles à combattre !
Chardons de difparoître, & ronces de s'abattre :
    Le fol enfin de s'épurer.
    Où dominoit la mauvaife herbe
    Le froment naquit fans efforts :
Et l'épi jauniffant fur fa tête fuperbe,
    En fe courbant, étaloit fes tréfors.
    Où tend, dites-vous, cette fable?
    Ah! le voici. Son utile leçon
    Pour tous les cœurs eft refpectable,
Et peut des mœurs préparer la moiffon.
    Un ami tendre, mais févere,
Tançoit fur fes défauts un homme qu'il aimoit :

Son zele avec force exprimoit
Les principes d'un cœur sensible, mais austere.
   L'autre, effrayé de sa sévérité
      En appelloit à la tendresse
      De leur fidele intimité ;
Lui reprochoit ce qu'il nommoit rudesse.
    O mon ami, mon tendre ami,
    Répondit aussi-tôt le sage :
Un jour viendra, que je serois haï,
Si dans le temps présent je n'étois point sauvage.
   Ah ! comme alors vous me remercirez !
Je traite votre cœur, comme cette charrue
   Traite ce champ. Mais la saison venue
   De moissonner, que vous me chérirez !
Mon ame alors par vous sera mieux entendue.
Cet homme avoit raison. Contre nos vains pen-
                   chans
    L'amitié s'arme de reproches :
Mais d'un censeur nous craignons les approches ;
Ses avis sont pour nous autant de socs tranchans.
   Qu'importe, hélas ! si nos ames se brisent ?
   O mes amis, ne m'épargnez jamais :
    Vos reproches sont des bienfaits ;
Ils déchirent le cœur, mais ils le fertilisent.

EPILOGUE

EPILOGUE.

C'est affez compofer de fables :
Pour ce moment je change de pinceau ;
Sur le facré vallon les plaifirs véritables
Sont de varier fes travaux.
Fille des Dieux, augufte Melpomene,
Je te fuis, je cede à ta voix :
Fais que j'uniffe fous tes loix,
Aux myrthes de Paphos les lauriers de la fcene.
Et toi, digne Mentor des Peuples & des Rois,
Toi qui graves leurs noms au Temple de Mémoire,
Pour objet de tes dons, Déeffe de l'hiftoire,
D'un ingrat tu n'as point fait choix.
Art féducteur du divin LA FONTAINE,
Je te quitte pour quelque temps :
A tes douceurs je m'arrache avec peine ;
J'y reviendrai, tous mes goûts font conftans.
Souvent d'une aimable prairie,
Où fuit en murmurant un limpide ruiffeau,
Où Flore par Zéphyr fans ceffe rajeunie
Enchaîne les plaifirs fous un riant berceau,
Où Vénus à l'Amour diftille l'ambroifie,
On quitte le féjour toujours frais & nouveau ;
Pour un rocher au front terrible,
Dont les flancs arides, affreux,

Tome II. D

Cachent les antres ténébreux
Du triste Eole empire inacceffible.
Mais fa beauté fiere, non moins qu'horrible,
Enleve l'ame, en étonnant les yeux.
Je fais de même. Adieu, touchante Poéfie,
Où la vérité fimple inftruit en égayant:
Je me livre aux tranfports d'un art plus effrayant,
Où la fureur fouvent vient s'unir au génie.
Mais de nouveau je prétends te fêter:
Entraîné loin de fa bergere
Quand à la loi d'un devoir néceffaire
Un amant ne peut réfifter,
Ses regrets vengent bien l'objet qui fçut lui plaire;
Il s'éloigne fans la quitter.

FIN DU LIVRE PREMIER.

ŒUVRES MÊLÉES.

LIVRE SECOND.

ÉPITRES.

ÉPITRE PREMIERE.

Les Elémens.

A URANIE.

Viens, ma chere URANIE : un jour si plein
      d'appas
Est fait pour le plaisir... Déja mon cœur s'embrase :
L'amitié, la fraîcheur, l'amour, l'homme, tout
      passe ;

Nos seuls plaisirs ne passent pas.
Je veux pour ton bouquet avec un art suprême,
Te parler, te parler de toi :
En te peignant, c'est tout faire pour moi ;
En te fêtant je me fête moi-même.
Apprends une nouvelle, ô ma chere URANIE :
Quelle nouvelle ! à son seul souvenir
Je sens mon cœur s'enorgueillir
Et prendre une nouvelle vie.
En ce jour tous les Immortels
Sont accourus vers ma simple chartreuse :
Connois ta destinée heureuse,
M'ont-ils dit à l'envi : Choisis sur nos autels,
L'arc de l'Amour, les guirlandes de Flore,
Les palmes de Pallas, le hochet du desir,
La coupe du nectar, les roses de l'Aurore,
Tu peux tout prendre & tout choisir.
Mes pauvres Dieux, votre promesse,
Leur ai-je dit, ne sert qu'à vous trahir :
Dieux ingrats, quelle hardiesse !
URANIE est votre richesse,
Et vous m'offrez de l'enrichir . . .
Je leur parlois encor. . . . Je vois quatre génies
A mes yeux s'offrir à l'instant :
Dans tous leurs traits les graces réunies
Formoient un ensemble charmant.
Mais un d'eux plus impatient
Me dit : tu vois en nous les souverains des hom-
mes :

Nous donnons des loix & nous sommes
Chacun le Dieu d'un élément.
Celui-ci préside à la terre,
L'un à l'air, l'autre à l'eau : moi, je préside au
feu :
Notre puissance élémentaire
Regne sur-tout, & rien n'agit sans notre aveu.
As-tu besoin de notre ministere ?
Commande-nous ?... Eh-bien ! leur dis-je alors,
Dieux tout puissans, secondez mes transports :
Servez mon aimable URANIE ;
Et que votre heureuse harmonie
Par ses bienfaits signale ses efforts.
Dieu de la terre, embellis nos offrandes :
De corbeilles de fleurs enrichis nos bosquets ;
Et l'amitié pour unir leurs attraits
En formera de superbes guirlandes.

Dieu des airs, sous un ciel d'azur
Répans tes parfums autour d'elle ;
Que l'air qu'elle respire, à mes desirs fidele,
Soit ainsi que son cœur & bienfaisant & pur.

Dieu des eaux, pour baigner ses charmes
Forme un ruisseau dont le canal
Soit un miroir par son crystal :
Et que l'Amour vienne y tremper ses armes.
Si jamais dans de doux momens
Une soif se joignoit à celle du mystere,

D iij

Que ton onde argentée & claire
En roulant ses flots bienfaisans
Et la rafraîchisse, & tempere
L'effet des baisers trop brûlans.

Mais toi, dont la puissance active
A le feu pour premier objet,
Dieu charmant qu'une ardeur toujours heureuse
                   & vive
Soit pour nous ton premier bienfait.
Que toujours nos sens à ta flamme
Aiment à se vivifier :
Ils feront l'aliment de tes feux, & notre ame
En fera pour toujours le centre & le foyer.
Telle fut ma priere, & leur bonté touchante
A pris plaisir à seconder mes vœux :
Vois les fleurs que pour toi déja la terre enfante,
Vois les zéphyrs voluptueux
Voler auprès de toi, multiplier leurs jeux ;
Et d'une haleine carressante
Porter dans tes sens amoureux
Le beaume délicat d'une vie agissante.
Vois ce ruisseau serpenter dans son cours :
En confondant ses flots il s'agite, il murmure :
Elle te dit, cette onde pure,
Que se confondre & former des amours
Est le destin de toute la nature.
Vois le Dieu de cet élément
Qu'on fait jaillir par étincelles,

Te ravir, te lancer des flammes mutuelles :
    Se reproduire en t'écoutant :
Au feu de tes regards il cherche la saillie,
    Etincelle de l'enjouement :
Il allume à tes yeux les éclairs du génie,
    Et le flambeau du sentiment.
    Laisse à l'imprudente jeunesse
    L'orgueil d'un âge adolescent :
  De ton esprit qui n'a point la finesse
    Est plus que vieux dès en naissant.
    Si c'est aux fleurs qu'on voit éclore
    Que l'on reconnoît le printemps ;
    Combien en fais-tu naître encore !
    Sçais-tu bien quels sont tes présens ?
On brûle auprès de toi quand on peut te com-
                  prendre :
Le vieillard est celui qui ne te répond pas ;
Laisse aux petits esprits indignes de t'entendre
  La vanité de leurs foibles appas.
  Je vois en eux un couple qui s'assemble
    En croyant mieux se réchauffer :
Malgré tous leurs efforts le froid sçait triompher ;
En se parlant d'amour ils grelottent ensemble.
    Donne à mes vers leur prix en souriant :
    La vérité me tient lieu de génie ;
  Oui, près de toi, le feu, mon URANIE,
    Sera toujours mon élément.

ÉPITRE II.

L'inutilité de la Fable.

A URANIE.

CHANTERAI-JE en ce jour le charme de l'ivreſſe
Que goûte un cœur ſenſible à vivre dans les fers ?
  Non, l'amour veut te donner en tendreſſe
  Ce qu'Apollon te donneroit en vers.
Tous ces Dieux menſongers, chimeres de la fable,
    Qu'adora la crédulité ;
Ces héros, dont le nom doit à la vetuſté
    Tout ce qu'il a de reſpectable,
    Ne deſcendront point à ma voix,
De ce trône idéal où l'erreur les adore,
Pour venir avec moi te remettre leurs droits,
    Et paroître plus grands encore,
    En te priant de leur dicter des loix.
  Quittons la fable, ô ma chere URANIE :
  Mon Parnaſſe c'eſt ton ſéjour ;
    Ta préſence fait mon génie,
    Mon Apollon, c'eſt mon amour.
Que m'importent Orphée, & les ſons de ſa lyre ?
Etoit-il ſurprenant que leurs accens flatteurs
    Arrachaſſent quelque ſourire
A des infortunés condamnés aux douleurs ?

Mais que ta voix enchanterefſe,
Mais que ton efprit créateur
Parlent ſi bien le langage du cœur,
En uniſſant avec délicateſſe,
La raiſon & la gentilleſſe,
Et la fineſſe & la candeur,
Et la ſaillie & la juſteſſe ;
Que dans un cœur voluptueux,
Qui des plaiſirs, des graces & des jeux
Croiroit avoir épuiſé les délices,
Ton pouvoir enfante les feux
Dont les élans impétueux
Ont tout le charmes des prémices;
Mais que l'Anacréon coquet
Près de toi fixe ſes caprices :
Qu'il te demande après cent ſacrifices,
De nouvelles leçons d'un air tendre & diſcret,
Telles que t'en demanderoit
Un jeune cœur aux ſens novices :
Ah ! voilà ce qu'Orphée & ſa voix n'ont pas fait.
Trop cher objet, la fable eſt ton hiſtoire :
Que la vérité ſeule oſe te célébrer ;
Oui, maintenant : je crois ſans l'admirer,
Ce que j'admirois ſans le croire ;
Je veux t'aimer & jamais t'adorer.
Laiſſons aux romans, à la fable,
Le beau nom de divinité :
Pour abjurer l'humanité
De trop d'attraits elle t'eſt redevable.

Je ne crois point à la beauté
Qui refufe d'être palpable :
Il eft plus d'un nectar aimable
Que les Dieux n'ont jamais goûté ;
Tu perdrois trop à n'être qu'adorable.
Ah ! le hazard n'eut point l'honneur de nous unir :
L'aimant feul de notre exiftence
A rapproché la même intelligence ,
Le même penchant au plaifir.
Quand tu daignes fourire à des vers pleins de
flamme ;
Tu me fais jouir de mon ame ,
Et mon ame te fait jouir.
Sois tous les Dieux pour un amant qui t'aime :
Tu fuffis feule au cœur qui te veut célébrer ;
A qui peut-on te comparer,
Mon URANIE , auffi-bien qu'à toi-même ?

ÉPITRE III.

La Couronne.

A URANIE.

Non, de l'amante de Zéphyre,
Je n'emprunte point les tréfors.
Je cede à l'ardeur qui m'infpire,
Pour bouquet j'aurai mes tranfports.
Je ne veux point qu'un trop foible fymbole
    Soit celui de mes fentimens ;
    Une fleur peint l'amour frivole,
    Sa vie eft de quelques momens.
Sans fard & fans apprêts ma tendreffe veut plaire :
Flore, qu'ai-je befoin de tes riches couleurs ?
    Un cœur eft mon premier parterre,
    C'eft-là que je cueille mes fleurs.
  Chere URANIE, enhardis un hommage,
    Tribut de la fincérité :
  Pour te louer je dis la vérité ;
  De tes vertus mon offrande eft l'ouvrage.
  Pour te chanter j'ofe élever ma voix :
  Mais tes talens me font autant d'excufes ;
  Ah ! ce feroit te célébrer neuf fois
    Que de célébrer les neufs Mufes.

Apprends-moi donc par quel secret heureux
Les vertus font ton appanage,
Les sciences font ton partage,
Par quel secret tous les arts font tes jeux.
Ce que je vais narrer est la vérité pure.
Entre Minerve, entre Apollon,
Hier fut faite une gageure:
Chacun des deux vouloit avoir raison.
La Déesse disoit: Son ame est plus parfaite;
J'ai pris plaisir à la former.
Le Dieu disoit: son esprit doit charmer;
C'est mon ouvrage & ma gloire est complette.
On gagea... mais, devine quoi ?
De fleurs ce fut une couronne.
Pallas de dire: Elle est à moi;
Le Dieu répond: l'équité me l'a donne.
Je fus nommé juge du différent
Comme devant mieux te connoître :
Le plaisir qu'en mon ame un tel instant fit naître;
Auroit touché le cœur le plus indifférent.
Je leur dis aussi-tôt: Quel débat est le vôtre ?
Dieux trop charmans, l'honneur entre vous est
égal :
Et l'esprit d'Uranie a son cœur pour rival.
Mais vous n'aurez les fleurs ni l'un ni l'autre:
Vous applaudirez à mon choix;
Cette couronne à deux n'eût pu suffire,
Et j'en sçaurai couronner trois,
En la donnant à l'objet qui m'inspire;

Je vais couronner à la fois
Et les deux Dieux dont tout chérit les loix,
Et celle qui soutient l'honneur de leur empire.

ENVOI.

Ce fidele récit sera mon seul bouquet :
Puisse-tu l'agréer, ma tendre Souveraine !
   Par un stratagême secret,
En te chantant, en te narrant un fait,
Ton bouquet est le mien, & ta fête est la mienne.

ÉPITRE IV.

La Gageure.

A URANIE.

L'Astre du jour a vu l'un & l'autre hémisphere
Depuis que mon amour a chanté tes attraits,
O ma chere URANIE ; & d'une année entiere
Se font accrus des jours comptés par tes bienfaits.
   Bienfaits du cœur, tréfors de l'ame,
Bien différens que ceux que dispenfe Plutus :
Le burin de l'amour les grave en traits de flamme;
   Et les tablettes de Vénus
Confacrent ces larcins que la pudeur réclame.

Sur nos transports le temps n'a point de droits :
Tout jusqu'à l'inconstance assure mon hommage.
    Contre ton cœur qu'amour engage ,
    L'Envie a gagé mille fois
Qu'un amant jeune, indiscret & volage
La feroit avant peu repentir de son choix.
    De ses serpens les sifflemens perfides
Prétendoient effrayer les colombes timides ,
Qui dans un même char nous transportent tous
                        deux

    Vers un séjour délicieux ,
    Où de plaisirs nos cœurs avides
    S'enivrent du bonheur des Dieux.
L'Amour contre l'Envie a gagé sa couronne :
    Un seul éclair est parti de tes yeux ,
Et dans l'instant j'ai vu le monstre audacieux
    S'enchaîner au pied de son trône :
Le Dieu vainqueur par le cri du plaisir
Annonça son triomphe à toute la nature :
Il t'offre par devoir le prix de sa gageure ;
Et croit gagner assez de pouvoir te l'offrir.
    Mais de sa gloire : ah ! tu sçais trop, friponne,
    Quel est le mystere enchanteur :
Tu sçais multiplier ton esprit séducteur ;
    Près de toi l'inconstant s'étonne ,
Que sans rien commander à son volage cœur ,
Il change de plaisir sans changer de vainqueur.
    A son prestige il s'abandonne :
Il suit son goût léger : bientôt à son bonheur,

D'en être cause il te soupçonne :
En la reconnoissant il chérit son erreur ;
Et de son inconstance adorant la douceur,
D'être frivole enfin il se pardonne.
Loin de toi la foible bonté
De redouter les yeux d'une rivale :
Ta crainte lui seroit un titre à la fierté ;
Pardonne à la beauté, qui se croit ton égale :
Ton esprit se jouera de sa rivalité.
Le berger qui dans un parterre
Cueille & rassemble mille fleurs,
Préfere-t-il l'éclat de leurs couleurs
A l'incarnat du teint de sa bergere ?
Pour lui la rose est-elle donc plus chere,
Que l'objet délicat de ses tendres ardeurs ?
Non, non, de ces fleurs qu'il rassemble
Il doit de sa bergere embellir les appas :
Il les effeuillera sur son sein, sous ses pas,
Tous deux joueront avec ensemble.
Ainsi près de toi chaque jour
L'enfant aîlé revient décrire
Tous les larcins qui se font à sa cour :
Jamais à mainte belle il ne joueroit de tour
S'il n'espéroit, qu'objet de ton délire,
Seul avec tes attraits, dans ton charmant séjour,
Près de toi, chaque soir il n'en pût bientôt rire.
Tendre URANIE, ainsi mon cœur chérit tes loix :
Point d'inconstance ou de caprice :
Que des feux du plaisir ce beau jour s'embellisse,

Et qu'ils foient tous des feux grégeois.
A nous feuls la nature empreffée à te plaire,
    Ô mon amie, en apprit le fecret:
Pour fa Pfyché l'Amour envain le chercheroit ;
Mais chut... comme ton art rend jaloufe fa mere,
    De ce fecret cachons bien le myftere ;
    Peut-être auffi fon fils me l'envieroit.

É P I T R E   V.

Les Etrennes.

A   Z É L I S.

Bonjour, bon an, mon aimable Zélis:
    Pour exprimer ce que fouhaite
    Un cœur bien tendrement épris,
Je n'irai point emboucher la trompette.
Auprès de vous l'efprit & la raifon
    Ne m'offrent rien que de farouche :
    Leur cœur fuffit : l'expreffion
Vient comme le baifer fe placer fur ma bouche,
    A la folie, à fon défordre heureux,
    Qu'avec plaifir je m'abandonne !
Ah ! c'eft alors que l'efprit déraifonne,
    Que le cœur raifonne le mieux.
O ma Zélis, quel fouhait puis-je faire
    Que la nature n'ait rempli ?

                              Œil

Œil frippon, front heureux, aimable caractere,
Langage séducteur, esprit tendre, accompli,
Eh! que n'avez-vous point? Votre sexe adorable
De ses trésors m'a toujours vu jaloux :
　　　C'est par lui que tout est aimable ;
　　　Sans lui quel plaisir semble doux ?
Les Amours & les Ris s'enchaînent sur ses traces :
Il sçait donner des sens à la froide raison ;
Et de mon sexe à lui quelle comparaison !
　　　Il est pour un Amour trois Graces,
　　　Neuf Muses pour un Apollon.
Ainsi, belle Zélis, si votre sexe même
　Ne laisse rien à desirer pour lui,
　Eh! qu'est-ce donc, quand par un art suprême
　On l'a chaque jour embelli ;
Lorsque par un esprit, un cœur tel que le vôtre,
　Un tendre objet né pour le sentiment,
Est autant au-dessus de ce sexe charmant,
Que ce sexe lui-même est au-dessus du nôtre?
Mais si mon cœur pour vous ne peut faire des
　　　　　　　　vœux,
　Il doit au moins vous donner vos étrennes :
　　　Et c'est un stratagême heureux,
　Pour parvenir à recevoir les miennes.

　Or le présent que je veux vous offrir
　　　Est un animal jeune encore,
　　　Obéissant au maître qu'il adore,
　Et de l'aimer faisant tout son plaisir.

Il est plus tendre que sauvage :

Point de griffe ou de dent : jamais de cruauté ;

Il tient du chien pour la fidélité ,

Et de l'homme pour le langage.

Il a le cœur du tourtereau :

Comme le rossignol il chante sa tendresse ;

Il n'est ni très-sçavant , ni beau ;

Mais sous la main qui le caresse

Il semble prendre un être tout nouveau,

Et le plaisir en lui produit la gentillesse.

Zélis, devinez quel il est ?

Voyons, cherchez... Ah ! fripponne de mine ;

Vous souriez : adieu donc mon secret ;

Car beauté qui sourit , devine.

Deviner cependant est encore trop peu :

Et malgré votre conjecture ,

Il y faut encor mon aveu ;

Mais sur le vôtre il faut que le mien se mesure ;

Point de mauvaise foi ; ceci n'est point un jeu.

Eh ! quel sort prétendez-vous faire

A ce doux animal qui brûle d'être à vous ?

Le mettrez-vous sur vos genoux ?

Ne lui serez-vous point sévere ?

A son petit langage, à ses tendres efforts ,

De temps en temps daignerez-vous sourire ;

Par un baiser payer les doux transports ,

Qu'à tout ce qui vous voit votre présence inspire ?

Sur votre sein pourra-t-il reposer,

Et de vos mains prendre fa nourriture ?
S'il parvient à vous amufer,
Pourra-t-il fur la couverture ,
En folâtrant fe choifir pour couffin
Quelque globe arrondi , dont la fage nature
Façonna le contour divin ,
Ou dans un tranfport libertin
De la tendre Vénus chiffonner la ceinture ,
Et faire par fa grace excufer fon larcin.
Si vous daignez agréer fon hommage ,
Je vous réponds de fa foumiffion :
Que de bonheur deviendra fon partage !
Dieux ! qu'il fera content de fa condition !

Qu'il vous tarde de le connoître ,
Zélis , cet animal chéri !
Vous le verrez , le toucherez peut-être ;
Quand , dites-vous ?... dès aujourd'hui.
D'un filence malin fi votre cœur murmure ,
Peut-être n'aurez-vous que trop bien votre tour :
De l'énigme la plus obfcure
Le mot pour vous ne peut être qu'*Amour*.

É P I T R E VI.

Sur la mort d'Eglé.

A M E R C U R E.

Dans quelque lieu de la nature
    Que le devoir ou l'Amour l'ait conduit,
Daigne l'abandonner ; comble divin Mercure
    Les vœux d'un cœur que la fureur pourfuit.
Je te voudrois, cher Dieu, confier une lettre :
Tu me remercieras d'en fçavoir le fujet ;
A tout autre qu'à toi je ne puis la remettre :
    Rien de plus fou que fon objet.
    Mais pour hâter le fecours de tes aîles,
Il faut t'inftruire mieux. Ecoute... Un certain foir
    Au milieu de plus de vingt belles,
    Te fouvient-il, comme par ton pouvoir
    Tu m'as rendu cent fois plus malin qu'elles.
    La jeune Eglé, tendre fans le fçavoir,
    Effaçoit les rofes nouvelles
Qu'avoient deffus leur fein placé les plus cruelles
    Pour mieux entr'ouvrir leur mouchoir.
Et ce Colin-Maillard, où par tes foins fidelles,
Son époux à grands pas couroit au pot-au-noir !
Tandis qu'Eglé conduite au-devant d'un miroir,
Ecoutoit mes fermens de flammes immortelles,

Et de tendreffe , & de devoir,
Trebuchet commun des rebelles.
En un inftant j'avois furpris
L'objet de tous mes vœux, le fecret de fon ame :
Jamais fon chafte époux, pour gage de fa flamme,
D'un retour délicat n'avoit reçu le prix.
Bientôt à ce fujet j'avois fait à la Dame,
Aidé par toi, la plus tendre chanfon :
Où d'infidélité je lui donnois leçon,
En lui prouvant que pour fa femme
Un mari doit toujours n'être qu'un prête-nom.
De mes couplets tu fçais fi la fripponne
Avoit condamné la gaîté :
Pour m'en payer, d'un air de volupté,
Auprès d'elle je papillonne :
Je folâtre à ma volonté.
D'Amours un effain enchanté
En volant fur fon fein bourdonne :
Il le découvre : Eglé de bon cœur lui pardonne;
Déja fous un baifer foiblement difputé,
Le mouchoir fuit & fe chiffonne.
Au mouvement précipité
Dont alors il eft agité,
Je vois bien que fon fein s'étonne
D'avoir été fi long-temps refpecté.
Il ne me manquoit plus que le jour favorable
Marqué pour quelque rendez-vous :
Mais il falloit d'un cerbere jaloux
Tromper l'ardeur infatigable.

Jamais dans ſon triſte ſéjour

Il n'eſt permis à galant de mon âge

D'aller faire un pélerinage

Au nom du Dieu qu'on nomme Amour.

La charité dans ce temps pour la femme

Eſt la premiere des vertus :

Et tout amant redoute plus

Les rigueurs de Monſieur que celles de Madame.

Mais en dépit du terrible mari ,

Le ſort m'eût ſecondé : je pouvois tout attendre

De l'indulgence d'un ami ;

Dans un boudoir commun elle devoit ſe rendre.

En lui peignant l'ivreſſe des plaiſirs

Je m'étois auſſi-tôt fait nommer pour ſon maître :

De ſon époux ma flamme eût vengé ſes deſirs ;

Il eût été . . . . ce qu'il mérite d'être.

Le plus affreux revers a détruit mes ſuccès :

Tous mes myrthes, mon cher Mercure,

En un inſtant ſont changés en cyprès ;

Un deuil fatal attriſte la nature.

Eglé n'eſt plus. J'ai cauſé ſon trépas

Sans le vouloir ; daigne m'entendre :

Par mon récit tu connoîtras

Tous mes regrets ; car j'ai l'ame fort tendre,

Bien que tu n'en doutes pas.

Une jeune Zélis , ſous les yeux de ſa mere

Mouroit imperceptiblement :

Et la nature prifonniere
Dépériffoit d'ennui de moment en moment.
Le nuage de la trifteffe
En tous les temps couvroit fes yeux :
Et fon regard mourant, mais rempli de tendreffe,
Difoit en amufant les Amours & les Dieux :
Je me meurs : n'eft-il point de vengeur généreux,
Dont les defirs ou la délicateffe
Daigne enfin m'arracher à mon deftin affreux.
Je la vis, j'entendis cet éloquent langage :
Jamais je ne réfifte au cri d'un malheureux ;
Il n'en fallut point davantage.
Je me crus un brave Jafon
Au combat conduit par la gloire :
Fier de triompher du dragon,
Pouvois-je trop acheter la victoire,
Me croyant fûr d'emporter la toifon ?
Je bravai tout : rompre les chaînes
D'un objet fenfible & charmant,
Aimer, en être aimé, faire oublier fes peines,
Ce fut l'ouvrage d'un moment.
Zélis dut à mes foins de chérir la lumiere :
La mort enfin reçut des loix ;
Du fer de fa faulx meurtriere
Teinte du fang des bergers & des rois,
L'amour fecondé du myftere
Forgea les traits, dont à Cythere
Les Jeux rempliffent fon carquois.
Mais la Déeffe impitoyable,

Ne m'a point pardonné, d'avoir à fon courroux
    Souftrait une victime aimable :
    Elle a juré l'inexorable,
    Que le plus affreux de fes coups
  Signaleroit fa fureur redoutable.
  Le monftre a vu que le tendre defir
  M'avoit d'Eglé foumis les fens & l'ame :
  Et qu'il tardoit aux tranfports de fa flamme
D'oublier l'univers dans les bras du plaifir.
    Eglé m'aimoit, & m'étoit affervie :
    Rien ne pouvoit m'arracher mon bonheur;
    La perte feule de fa vie
    Pouvoit ravir ce bien à fon vainqueur.
Mais le coup fut frappé.... Trop barbare Déeffe,
    Acheve, & que fur moi ton bras....
Non, non : fais comme moi; je n'acheverai pas;
Mercure ne crains point de ma part de foibleffe;
Je laiffe aux vieux romans les honneurs du trépas.
De fon benet d'époux la comique trifteffe
    Me confole & me réjouit :
    Il fe lamente jour & nuit;
Mais il perd moins que moi : fa plaifante ten-
                 dreffe
    M'offenfe alors qu'elle gémit;
Il ne perd que fa femme, & je perds ma maîtreffe.
    Je devois, mon petit Monfieur,
    Vous bien traiter, felon votre mérite :
    C'eft une dette, il faut que je m'acquitte;
    La mort à ma brûlante ardeur

S'oppofe envain : tout obftacle m'irrite ;

J'en veux venir à mon honneur.

Ecoute-moi, mon cher Mercure :

J'écris à la belle un billet,

Porte le lui, je t'en conjure,

Je vais t'en dire le fecret.

Pour égayer notre aventure,

La volupté préfide à mon ftyle fallot :

Le parfait Amour, je te jure,

N'a jamais été mon défaut.

Ma lettre eft une mignature,

Où l'Amour devenu Calot,

Dans un croquis grotefque, en habile ribaud,

A deffiné mainte heureufe poftúre ;

Le coloris en eft piquant & chaud.

J'invite ma charmante blonde

A quitter le féjour des morts,

Pour venir encor dans ce monde

Partager mes brûlans tranfports.

Je veux que fon ombre folâtre ·

Se pâme d'aife à mon ftyle bouffon :

Qu'elle revienne en dépit de Pluton,

Revoir l'amant qu'elle idolâtre ;

Comme ces folets redoutés,

Qu'en tremblant, tout vieillard admire :

Et qui marchant à fes côtés

Pour l'effrayer, feignent, dit-on, de rire.

Or tu comprends, fauf le refpect

Dû par mon fexe à toute belle Dame,

Que la comparaison vient très-bien au sujet:
    Et que pour le beau sexe une ame
    Ne peut être au plus qu'un folet.
  Mais de parbleu, fut-elle moins encore,
  Elle y viendra pour servir mon projet :
 Et, mon très-cher, ton ami se pendroit
Plutôt que de souffrir que son époux l'ignore.
    A ma belle narration
    Dieu malin je te vois sourire :
Tu me nommes tout bas un nouvel Ixion ;
    Mais crois-moi ; ce nouveau délire
    Est excusé par la raison.
Pour combien de galans, leur flamme est devenue
  Un douloureux & funeste poison !
    Combien maudissant leur Junon,
  Voudroient n'avoir embrassé qu'une nue.
Mais, adieu : j'attendrai la belle dès ce soir :
  Ombre, ou folet, ame, ou corps fantastique,
    Je suis prêt à tout recevoir :
Tout convient à mon âge, on est brave, on s'en
                pique ;
    Je l'attends . . . Je sçais mon devoir.
Il ne sera pas dit qu'un suppôt d'Hyménée
    A qui j'avois pour mes plaisirs
Attribué l'honneur d'amuser ses loisirs,
Ait, même par la mort, manqué sa destinée.
    Cher Mercure, qu'il soit puni :
    Et si la tendre Eglé que j'aime
Ne peut dans mon boudoir venir dès aujourd'hui,

Qu'il le foit par toi, mon ami :
Et plutôt qu'il échappe à ma fureur extrême,
Qu'il le foit par Pluton lui-même.....
Adieu : ne reviens pas fans avoir réuffi.

ÉPITRE VII.

Le Souper.

A SAPHO.

Hier au foir, Sapho, j'ai refufé
Le fouper que votre indulgence
A mon cœur avoit propofé :
J'ai tout facrifié jufqu'à votre préfence.
J'ai prétexté qu'en mon boudoir
Une tendre follicitude
Aux travaux de l'efprit m'appelloit tout le foir :
Voici le fruit de mon étude ;
Sapho, daignez le recevoir.
Heureux celui dont l'ame peu fenfible
Ne fe fait point mille defirs fecrets,
Pour qui toujours le bonheur eft poffible :
Dont le cœur toujours impaffible
Ne connoît point les détails des regrets.
Jugeant de tout fur l'air ou fur la forme,
Il n'a jamais fcruté les fecrets des defirs :
Et fon exiftence uniforme
N'a point de peine au moins, s'il n'a point de
plaifirs.

Mais fe livrer aux élans d'un génie

   Qui ne peut rien éprouver foiblement,

Qui calcule toujours, & toujours apprécie :

   Porter un cœur pour qui le fentiment

Doit avoir les accords de la douce harmonie,

Et qui fçait dédaigner le plus heureux moment

    Si l'ame ne le juftifie :

    Ah ! c'eft éprouver un tourment

    Que tout accroît & multiplie :

    Un rien bleffe, un rien vivifie ;

Cent fois l'ame en un jour paffe en fe confumant

De la vie à la mort, de la mort à la vie.

Que dites-vous, Sapho, de ce dernier portrait ?

   Echauffe-t-il un cœur tel que le vôtre ?

    Ou je me trompe, ou l'un & l'autre

    Nous voilà dépeints trait pour trait.

    Un plaifir pur, ineftimable,

Pour tout autre toujours me rend indifférent :

Du fouper refufé le plaifir délectable,

Près de moi pour rival en avoit un trop grand.

    Jours heureux, jours pour moi de fête,

    Où feuls alors dans l'univers

    Nous avons foupé tête-à-tête :

    Pour mon cœur que de biens divers !

    Mon œil n'envioit à perfonne

    Le bonheur de vous contempler :

Je voyois près de vous le tendre Amour voler

   Et vous offrir l'invifible couronne,

   Qu'à mes yeux feuls il ne fçait point voiler.

Pour moi seul vous daigniez parler :
Point de rival, point d'odieux partage ;
. Le beaume de ce doux langage
En mon cœur tout entier venoit se rassembler.
. Loin, loin de moi ces besoins que reclame
Cette faim qui n'est pas celle des doux plaisirs :
Rien d'étranger à vous.... J'étois tout à mon ame,
. Elle étoit toute à mes desirs.
Sapho, t'en souvient-il ? mon pur & tendre hom-
. mage . . . .
. Je m'oubliois : ma Sapho, pardonnez :
Mais ces mots resteront ; je n'ai pas le courage
. De les rayer ; ils sont trop fortunés.
. Vous vous en souvenez sans doute,
. O ma Sapho, de ce souper charmant ;
. Mais, mais hier en m'invitant
Vous aviez donc oublié ce que coûte
Un plaisir moindre.... & qu'il est un tourment.
. Il m'eût fallu vingt fois répondre :
. Ecouter ou le feindre au-moins,
Dans mes regrets m'abysmer, me confondre,
Les dévorer, sourire à leurs témoins.
. Il me falloit en dépit de moi-même
Lentement partager mes plaisirs avec trois,
. Ces plaisirs que déja deux fois
J'ai goutés seul pour mon bonheur suprême.
. J'aurois voulu lire dans leurs regards,
. Si plus que la mienne, leur ame,
S'élançoit au dehors, & savouroit la flamme

Qui près de vous vole de toutes parts.
Oui, mille objets qui paroîtroient frivoles
    M'auroient rendu trop envieux :
    J'euſſe été jaloux de leurs yeux,
    Je l'euſſe été de vos paroles.
    J'ai bien mieux rempli mon eſpoir
    En m'enfuyant vers mon Lycée :
Je n'ai pas beſoin d'être avec vous pour vous voir ;
    Jamais, jamais de la penſée
    Je n'ai tant chéri le pouvoir.
   Tel qu'un enfant qui loin de ſa nourrice
   Soupire après le nectar ſavoureux
Qui de la ſoif en lui calmera le ſupplice :
    Il preſſe un hochet frauduleux ;
   Il cherche envain cette douce roſée,
    Par qui, de ſa bouche embraſée
    La nature calme les feux.
    Mais pour ſon ame impatiente,
Du hochet menſonger le ſecours emprunté
    Fraude les ennuis de l'attente,
    Supplée à la réalité.
    Je termine ici mon Epître :
    Sapho, cette comparaiſon
    Me doit ſuffire à plus d'un titre ;
    Elle ſourit à ma raiſon.
   Tel eſt toujours l'amant tendre & ſincere :
    En tout temps ſon ame préfere
    Le hochet trompeur du deſir,
A toute volupté douce, mais étrangere
    A l'objet, d'où naît ſon deſir.

ENVOI.

Dans ce tranſportt que la tendreſſe allume,
Voulant vous écrire en ce jour,
De ſon aîle le tendre Amour
M'a tiré lui-même une plume :
Puis il m'a dit en me la préſentant :
De mes aîles tu vois ſi je lui fais hommage !
Ah ! pour Sapho, répondis-je à l'inſtant,
Pourroient-elles jamais avoir un autre uſage ?

ÉPITRE VIII.

Le Cœur d'Aimant.

A CLOÉ.

O TOI, qui de mes tendres chaînes
A de tes mains daigné former les nœuds,
Toi qui regnes ſur tous mes vœux,
Et dont je préfere les peines
Aux plus rians bienfaits de tous les autres Dieux,
Amour, viens accorder ma lyre.
Prête-moi ces pinceaux heureux,
Dont l'Albane voluptueux
Peignit dans ſon tendre délire
La Mere des ris & des jeux,

Dans ce jour où par un sourire
Recréant l'univers embelli par ses yeux,
Elle se promena dans son aimable empire
Sur un char éclatant de nacre & de porphyre,
    Traîné par le couple amoureux
    De colombes, que vers les cieux,
Par des chaînes de fleurs guidoit l'heureux zéphyre.
Daigne me seconder, Dieu sensible & charmant :
    Je dois une Epître galante
    A ce cœur composé d'aimant
Qu'a suspendu ta main toujours sçavante
Au cou de la Cloé, qui pour le sentiment
Forme des moindres riens une leçon touchante
    Des mysteres, qu'un tendre amant
    Goûte toujours bien mieux qu'il ne les chante.
    Symbole trop ingénieux
    Des effets du Dieu qui m'inspire,
    Deviens l'objet de mon délire :
    En toi tout est mystérieux.
    Que de mortels ta destinée
    Rend & jaloux & malheureux !
Mille trésors dérobés à nos yeux
Sont chaque jour ta couche fortunée :
Les plaisirs que te cause une seule journée
    Changeroient les mortels en Dieux.
    ·Entends ma voix : deviens sensible :
Je suis près de Cloé ce métal qui pour toi,
    Objet d'une force invisible,
    De te suivre se fait la loi.

Ecarte

Ecarte le lin qui s'oppofe
Au bonheur de mes yeux, à leur tendre defir :
  L'effet fera bien digne de la caufe ;
Oui, je te le promets. Le fer c'eft le plaifir,
  Près de l'objet qui de nos vœux difpofe :
  De ce métal il a les attributs :
    Le feu feul lui donne la forme ;
Fidele à fon aimant, toujours il fe conforme
  A la docilité, premiere des vertus.
  Toi que célebre une ame qui foupire,
Offre à mes yeux enfin ce trône révéré,
  Foyer brûlant, le centre du délire ;
Envain eft-il en toi l'attrait qui nous attire,
    Si rien n'eft jamais attiré.
    Tu chéris cet autel d'albâtre,
    Où plus d'un invifible Dieu,
  Sylphe galant, Salamandre folâtre,
  Naît, meurt, renaît, fe pâme au fein du feu ;
Tu crains de le quitter ce temple délectable :
  Mais fouviens-toi que tu te dois au fer,
  Que ce métal qui te dût être cher,
Se promet de ton tact une union aimable.
  Prouve à Cloé, prouve à cet autre cœur
    A qui la nature miftique
A donné comme à toi la vertu magnétique
    Dont le charme eft toujours vainqueur,
    Prouve-lui pour notre bonheur,
Qu'on n'eft riche, qu'autant qu'épris du plus beau
           zele

De ses trésors on sçait user ;
Et que la bouche la plus belle
L'est cent fois plus encore en donnant un baiser.
Tout est aimant dans la nature :
Sur les moins sensibles objets ,
Ce symbole sacré de la volupté pure
Agit & prouve ses effets.
Voyez-là cette cire utile ,
Que pour renfermer un secret
Sous le sceau prudent d'un cachet ;
La flamme fond & rend docile :
Il semble qu'un secret pouvoir
Lui rende déja précieuse
L'attraction ingénieuse
Du papier qui va recevoir
Son empreinte mystérieuse ;
Elle l'attire . . . . . on croiroit voir
Une Nymphe encore innocente
Agacer un berger le soir :
Non , parce qu'elle est son amante,
Mais parce qu'en secret elle en conçoit l'espoir.
Cœur d'aimant , dont l'heureux emblême
A ma Cloé me fait offrir ces vers,
Prouve enfin tes talens divers ,
Ne vas point te nuire à toi-même :
Attire le métal qui t'aime ;
Imite tous les corps qui peuplent l'univers.
Mais que l'orgueil ne te fasse point croire,
Qu'en attirant tu ne cherches jamais :

Que toujours prévenu, le comble de ta gloire

Eſt de ne point céder à tes propres effets.

Tel ne fut point l'ordre de la nature :

Sa haute ſageſſe a voulu

Que ſans efforts, ta ſecrette vertu

Pour t'unir au métal, mais ſans lui faire injure,

Ecartât l'air entre vous répandu ;

Afin qu'alors d'une vîteſſe égale,

L'un vers l'autre vous élançant,

L'ardeur de l'un, de l'autre fût rivale,

Et s'accruſſent encore en ſe réuniſſant.

O l'invention admirable !

C'eſt pour vous qu'ici j'en décris

Tous les détails précieux & chéris,

Objet à jamais adorable,

Cloé : vous ſeule y donnerez un prix.

L'air jaloux dont l'aimant doit repouſſer l'obſta-

cle,

C'eſt la raiſon, cet aquilon du cœur :

Son ſouffle glacial oſe éteindre l'ardeur

Qui de l'amour eſt le premier miracle,

Et criſper l'ame au froid de ſa langueur.

Mais ce triſte aquilon fuit devant une belle :

Eſt-il vaincu ? mille jeunes zéphyrs

Pouſſent à la fois d'un coup d'aîle

Vers le ſopha théâtre des plaiſirs

Et l'amante, & l'amant qui ſoupire pour elle.

Ils ſont l'un à l'autre un aimant,

A qui l'un & l'autre eſt fidele :

Leur attraction mutuelle
Forme bientôt un ensemble charmant.
Mais je ne t'ai point dit encore pour ma flamme,
Cœur précieux, l'objet de mes transports,
Quel rare bienfait je reclame :
Et de combien d'heureux rapports
Ton secours aimable à mon ame
Pourroit assurer les trésors.
Sans doute il te souvient avec quelle finesse
Cloé par un tact répété
Voulut avec délicatesse,
Q'une aiguille fût ma richesse
Après que ce présent fut par elle aimanté.
Mais sçais-tu bien ce qu'a fait la lutine :
Sur le métal l'aimant n'agissoit pas ;
C'étoit le même objet ; & cependant.... devine
Ce mystere si plein d'appas.
C'étoit sur moi qu'agissoit ta puissance :
Conviens-en, ce fut trahison ;
Je me livrois, j'étois sans défiance :
Cœur chéri tu m'en dois raison.
Que ta puissance me console :
L'amour est pour nos cœurs une mer, où les vents
Se disputent toujours les desirs des amans :
Pour être heureux Pilote, il faut une boussole
Invariable en tous les temps.
Son aiguille par toi sera donc déja prête :
J'ai du courage, & de l'ardeur ;
Grondent les flots, survienne la tempête,

Je ferai bon voilier, & plus hardi rameur :
 Rien ne me fera perdre tête.
Adieu, cœur trop chéri ; de toi dépend mon fort ;
 Tu le vois bien. A ma vive tendreffe
Ne te refufe point : j'y veux joindre l'adreffe :
 Mon ardeur jamais ne s'endort.
Je ne rifque point par trop de hardieffe :
Le moindre flot fouvent contre nous eft trop fort ;
Point de préfomption. Je fçais trop que l'entrée
De cette ifle riante où Vénus tient fa cour,
 Fut plus d'une fois illuftrée
 Par les naufrages de l'Amour ;
 Que d'écueils elle eft entourée.
 Mais pour éviter le danger,
 Je fçais auffi que la prudence
 Triomphe d'un mal paffager :
 Et qu'il eft doux de voyager,
 Lorfque guidé par l'efpérance,
 Sous les voiles de la conftance
Au fein des mers on ofe s'engager.
 Mais il eft une circonftance
 Que je ne dois point oublier :
 Trop grande en eft la conféquence
 Pour ne la point apprécier.
 De toute bouffole ordinaire
L'aiguille en tous les temps fe tourne vers le nord :
 Mais avec ce guide vulgaire
 Jamais de l'ifle de Cythere
 On ne pourroit gagner le port.

Sous un climat brûlant, Vénus plus agiſſante
   Y rend l'amour bien plus hardi :
J'ai de tous ſes États la carte intéreſſante ;
   O ma Cloé, ma bouſſole charmante
    Marquera toujours le midi.

É P I T R E   IX.

Le Mai.

A MADEMOISELLE DEFO....

Il commence ce mois riant,
   Où la nature rajeunie
Semble reprendre une nouvelle vie,
Et ſe parer d'un éclat plus brillant.
   D'œillet, de roſe & d'amarante
   Sur l'autel de la volupté,
   Zéphyr couronne ſon amante :
   Le plaiſir la rend plus piquante ;
C'eſt le ſeul fard permis à la beauté.
Jeune Eglé, vous, qui fraîche & charmante comme
                   elle,
   Faites éclorre ſous vos pas
   Mille plaiſirs ; Hébé nouvelle,
  Vous qui de Flore égalez les appas ;
   Qui, pour rendre Zephyr fidele
   Joignez à l'honneur d'être belle

Tant de talens qu'elle n'a pas ;
Eglé, tous vos adorateurs,
Pour fuivre l'ufage ordinaire,
Par un mai compofé de fleurs,
Croiront vous fêter & vous plaire.
Eglé, recevez, écoutez :
Mais jugez-les ; & fçachez qu'à Cythere
Il eft un futile vulgaire
Chez les amans comme chez les beautés.
C'eft peu d'être galant ; il faut fçavoir encore
A ces foupirs joindre l'efprit,
Pour plaire à l'objet qu'on adore,
Faire penfer plus qu'on ne dit ;
En tout temps on admire Flore,
On l'admire bien plus alors qu'elle fourit.
Ce qu'un fourire eft à la bouche,
Les graces, belle Eglé, le font au fentiment :
Que d'artiftes joueroient fur un même inftru-
ment !
Du délicat *Balbâtre* un feul aura la touche.
Un rien enchante, on déplaît par un rien :
Un Mai fans art eft peu de chofe.
Souvent dans un bouquet je préfere à la rofe,
L'emblême ou le choix du lien.
Tous vos adorateurs, Eglé, de leur tendreffe,
Vous offriront un gage, & charmant felon eux !
Je vous fuis inconnu ; mais la délicateffe
D'un froid galant vaut bien les vœux.
Ecoutez ma leçon. Pour les ames fideles

C'eſt un plaiſir d'en deviner le ſens ;
Un amant eſt le mai des belles,
Un trait eſt le mai des amans.

Un trait, oui, belle Eglé, comprenez ce myſtere ;
Je vais vous prêter mon ſecours.

Ce trait nous ſert dans le champ des amours :
Il forme les ſillons, où le Dieu de Cythere
Recueille ſa moiſſon dans l'été de nos jours.

Quand de ce trait une beauté fidelle
Oſe une fois faire l'eſſai,
Que de bonheur ! chaque jour eſt pour elle
Le premier jour du mois de mai.

Bientôt livrée à des flammes nouvelles,
On l'entend s'écrier dans ſes tranſports charmans :
›› On ne m'a point trompé, mes feux en ſont

›› garans :

›› *Un amant eſt le mai des belles,*
›› *Un trait eſt le mai des amans.*

Des fleurs dont je vous fais hommage,
Eglé, formez des chaînes pour les cœurs :
Toujours l'épine a des douceurs,
Quand la roſe cueillie enfin nous dédommage
D'un mal léger au prix de ſes faveurs.

Que mes accens, que mon langage,
Sur mon envoi fixent vos yeux :
Quand cette Diane ſauvage,
Dont on craignoit les mépris rigoureux,
Connut l'amour & ſon tendre eſclavage ;
Elle ne choiſit point un Créſus faſtueux,

Un Narcisse présomptueux ,
Trop indignes de son suffrage.
Elle choisit un berger amoureux ,
Empressé , délicat & sur-tout point volage ,
Instruit par l'Amour même à célébrer ses feux.
Eglé , ce Dieu daigne être aussi mon maître :
Je n'y vois qu'un seul point fâcheux ,
Celui de ne pas nous connoître :
Nous y perdons sans doute tous les deux.
Mais que du moins votre cœur le desire :
De mon bouquet je sçaurai le destin :
S'il aura mérité vos regards , un sourire ,
Et de mourir sur votre sein ,
Je sçaurai tout ; si l'Amour a des aîles ,
C'est pour franchir l'intervalle des lieux :
Et son bandeau lance plus d'étincelles
.Que les flambeaux des autres Dieux.
Que ce Dieu qui vous doit l'honneur de son em-
pire ,
Pour mai vous donne un amant enchanteur
Digne de lui , de vous , de votre cœur ,
Et cent dont avec lui vous puissiez toujours rire.
Mais pour prix de mes vers, trop fortunés amans,
Répétez dans l'ardeur de flammes mutuelles.
» L'inconnu disoit vrai, mes feux en sont garans :
    » *Un amant est le mai des belles ,*
    » *Un trait est le mai des amans.*

ÉPITRE X.

Le Calendrier de l'Amitié.

A SAPHO.

AINSI tout avec vous ne peut qu'inftruire ou
plaire :
O ma Sapho, par vous rien n'eft indifférent ;
Et tout porte avec foi, lorfqu'un cœur vous com-
prend,
Le fceau de votre caractere.
Par vous un Almanach m'eft un don important :
De l'amitié ce trop précieux gage,
Marquera moins le temps, que fon ufage ;
Tout me charme en le confultant.
De mon étude la plus chere
Il devient l'objet enchanteur ;
Je le raifonne. Eh ! qu'apprendroit mon cœur
Dans ce Calendrier vulgaire,
Dont un Pape fe fit honneur ?

.   .   .   .
.   .   .   .
.   .   .   .

Qu'un tel livre n'ait plus la gloire,
O ma Sapho, de marquer nos beaux jours :
Le fentiment, j'ofe le croire,
Va déformais régler leur cours.

Aſtres, qui préſidez aux deſtins de la terre,
   Et toi, ſoleil, dont les puiſſans rayons,
     Animent la nature entiere,
En y développant mille germes féconds;
   En échauffant le ſein de cette mere,
     Matrice auguſte de tes dons;
Globes ignés, le temps, les ſaiſons, les tempêtes
   Ne ſeront plus pour moi marqués par vous:
Que les aîles des vents vous portent ſur nos têtes,
Enfantez les éclairs, la foudre & ſon courroux:
   Des aſtres faits pour vous rendre jaloux
Préſident à mes jours, ou plutôt à mes fêtes.
Point de calculs; pas un mot de cet art
Où le cœur eſt muet, où l'eſprit ſeul raiſonne:
   Dans le penchant auquel je m'abandonne,
   Tout eſt ſenti, rien ne tient au hazard.
De mon Calendrier je vous offre l'hommage,
Sapho : j'en aime tout, juſqu'au moindre détail;
   Ecrire n'eſt plus un travail,
   Quand de l'Auteur l'Ami dicte l'ouvrage.

   Jamais d'eclipſes. L'amitié
   Qu'à ma Sapho je jure pour la vie,
Par aucun incident ne peut être obſcurcie:
Pour en craindre, mon choix eſt trop juſtifié.
   Entr'elle & moi la terre entiere
   S'efforceroit envain de ſe placer;
Toujours, pour la bien voir, un rayon de lumiere

A travers tout ſçauroit percer.
Notre amitié tendre & ſincere,
Autour de nous répand le jour des cïeux :
Les éclipſes ſont pour la terre ;
Il n'en n'eſt point pour le ſéjour des Dieux.

Je ne parlerai point de ces Signes célebres,
Où le ſoleil pendant un mois
Demeure, en preſcrivant des loix :
Aux ſaiſons, aux jours, aux ténebres.
A nos élans, à nos tranſports,
Douze ſignes jamais pourroient-ils donc ſuffire ?
Signes d'eſtime, de rapports,
De vérité, de candeur, de délire :
Sous quel nom pouvoir les décrire ?
Comment détailler leurs accords ?
En un inſtant le ſoleil de ma vie
En peut parcourir mille, & ne les point quitter :
Sa puiſſance le multiplie ;
Il s'élance, il agit ſans jamais s'arrêter.
De leur bonheur que nos ames ſont dignes !
Ah ! nos tranſports étant purs comme nos deſirs,
Comment fixer ou calculer les ſignes
Du Zodiaque des plaiſirs ?

Sur les cinq zônes différentes
Qui forment les divers climats,
Nos ames toujours agiſſantes,
Sapho, ne ſe régleront pas.

Pour les indifférens, laiſſons les glaciales :
Leur cœur eſt en tout temps le centre des frimats ;
    Des influences trop fatales
    Y font mourir les penchans délicats.
    L'air des deux zônes tempérées
    Eſt l'élément des vulgaires amis :
    De ces mortels preſqu'endormis,
Dont les ames jamais ne furent enivrées,
    Dont les ſens toujours aſſoupis
Profanent chaque jour des délices ſacrées.
    O ma Sapho, votre ſenſible ami
    Déteſte encor cette zône torride,
    Où la terre toujours aride
N'offre dans chaque objet qu'un être appéſanti
    Sous le fardeau d'un aſtre impoyable,
    Et gémiſſant ſous un ciel inflammable
    Que le zéphyr n'a jamais rafraîchi.
    Qu'elle eſt céleſte l'atmoſphere,
    Que le bonheur répand autour de nous !
    Tout y brûle d'un feu ſi doux !
En excitant la ſoif comme elle déſaltere !
    Ah ! chaque effet, de lui-même jaloux,
Echauffe en tempérant, en échauffant tempere ;
    C'eſt un printemps dont les Dieux ſont jaloux.
    Auſſi jamais ne devons-nous permettre
Que les degrés de l'air entre nous ſoient comptés ;
    Quel crime ce ſeroit commettre !
Point de viciſſitude au ſein des voluptés.
    A-t-on beſoin de thermometre,

Dans un climat fans inégalités ?

Que tout le refte de la terre
S'applique à mefurer & les jours & les nuits :
   Qu'importe l'ombre ou la lumiere,
  Si les remords fe joignent aux ennuis ?
O ma Sapho, depuis que je vous ai connue,
  Les plus longs jours ont toujours été ceux
   Où mon ame trifte, abattue,
Victime des regards gémit loin de vos yeux ;
  Et les plus courts, ceux où je vous ai vue.
   Sapho, faites que mon ardeur
Puiffe de tout mon temps vous confacrer l'ufage :
  Car du plaifir qui connoît la douceur,
   Compte les heures, les ménage :
Le jour être avec vous, la nuit voir votre image,
   Doit fixer mon fort enchanteur :
   Dans le calendrier du cœur,
   Ma Sapho, cet égal partage
   Eft l'Equinoxe du bonheur.

   Je hais encore ces Planettes,
  Dont les regards propices ou cruels
Afferviffent, dit-on, à leurs forces fecrettes
   Les jours & les vœux des mortels.
  Leurs triftes noms font d'odieux préfages :
   Ils ne parlent jamais aux cœurs ;
   Eh ! comment ces aftres fauvages
Nous pourroient-ils annoncer des faveurs ?

Hébé, la brillante Déeſſe,

Cette ſœur des Ris & des Jeux,

Dont le pouvoir préſide à la jeuneſſe,

Remplacera pour nous ce Saturne trop vieux,

Dont le ſeul nom inſpire la triſteſſe.

A Mars, à ce nom redouté,

Succédera la Bienfaiſance,

A Vénus, l'aimable Décence,

A Jupiter, ce Dieu de l'infidélité,

Succédera la touchante Conſtance ;

Au Soleil, la douce Eſpérance,

A Mercure, la Pureté,

A la Lune, la Confiance.

Jamais de variations

Pour des planettes auſſi cheres :

Nos ames tendres & ſinceres

En fixent les ſucceſſions ;

Leurs influences tutélaires

Préſident aux vertus, nos ſeules paſſions.

Sous un ciel ſi nouveau chacune s'eſt placée

Pour y former un cercle radieux :

Vers elles mon ame élancée

Obſerve leurs cours précieux ;

J'ai dans mon étude empreſſée

Pour Obſervatoire vos yeux,

Pour Téleſcope la penſée.

Par nous l'année en douze mois,

O Sapho, n'eſt plus partagée ;

Et quand l'amitié fous vos loix,
Par le bonheur tient une ame engagée,
Des heures & des jours comment faire le choix ?
Chaque mois elle renouvelle
Des fêtes qu'à peine une fois
Célebre dans un an ce vulgaire, fidele
A fes Bonzes, à tous leurs droits.
Les modes font autant de chaînes :
Le temps, Sapho, dans l'almanach du cœur
Ne connoît point de regles vaines ;
Et chaque jour pour fon ardeur
Eft un jour de fête ou d'étrennes.
Borée envain par fes rigueurs,
A Flore, à fon amant déclarera la guerre :
Nous nous rirons de fes fureurs ;
Quand on a fon cœur pour parterre,
En tout temps n'a-t-on point de fleurs ?
Les fruits de la féconde Afie
Ont-ils des fucs auffi divins
Que ceux que pour ma tendre Amie
L'amitié chaque jour fait naître en fes jardins ?
Nos ames n'ont jamais été des champs arides :
L'honneur eft leur moiffon, leurs fruits ce font
nos mœurs :
Et de tels fruits valent bien pour nos cœurs
Les pommes d'or des Hefpérides.

O ma Sapho, tel doit être le cours
De nos heureufes deftinées :

Nos

Nos ames toujours fortunées
Par leurs biens compteront leurs jours.
Nous seuls dans la nature entiere ,
De ce Calendrier possédons le secret :
O Sapho , votre ame est ma sphere ;
Pour moi , par vous un nouveau monde naît.
Votre chef-d'œuvre se consomme :
Quel ciel vaut mon séjour ? je vous en dois l'aveu ;
De plus d'un Dieu la fable a fait un homme :
Et d'un homme , Sapho , vous avez fait un Dieu.

ÉPITRE XI.

Ma Galerie de Femmes.

A S. . . . .

LE froid dégoût & la triste raison
Enfin de la mélancolie
Sur les plus beaux jours de ma vie
Ne verseront plus le poison.
Vous, dont en écrivant le nom est sur ma bouche,
Et qu'en ces vers je n'ose point nommer,
Femme, dont un clin-d'œil instruit autant qu'il
touche,
Vous seule pour jamais m'avez sçu ranimer.
Mon cœur qui par vous va renaître,
Palpite, s'ouvre à des plaisirs nouveaux :

Tome II. G

Je ne gémirai plus fous le poids de mon être :
Je ne cueillerai plus, pour prix de mes travaux,
   Dans ces jardins dont Amour eſt le maître,
     Moins de myrthes, que de pavots.
   Objet ſacré, déïté tutélaire,
Qui pour un cœur nouveau créez de nouveaux
                     ſens,
    Dites-le moi : Depuis quel temps
L'Amitié fous vos vos loix regne-t-elle à Cythere?
  Par quel pouvoir ineffable, enchanteur,
   Rempliſſez-vous une ame infatiable ?
     Eſt-il deux fortes de bonheur ?
     Ou ſçavez-vous changer un cœur
En y ſubſtituant la paix inaltérable
     Du reſpect & de la candeur
     A cette ivreſſe peu durable,
Menſonge du plaiſir, qui ſouvent eſt fureur ?

Je ne me connois plus : je m'ignore moi-même :
Tout ce qui n'eſt pas vous révolte mon eſprit ;
    Envain par plus d'un ſtratagême
Mainte beauté reclame un amant qui la fuit :
Que me veulent ſes ſoins ? Eſt-elle ce que j'aime ?
  A tous mes vœux un ſeul objet ſourit.
    A peine de la bienſéance
    Puis-je encor garder les dehors !
Je me reproche un reſte d'indulgence :
    Juſqu'à la moindre complaiſance,
  Tout loin de vous me coûte des efforts ;

Je m'étonne souvent que mon impatience
   Commande encore à fes tranfports.
  Je me fens dès que leur main me touche
Un froid mortel m'infpirer fa langueur,
Gagner de proche en proche.... il va jufqu'à mon
              cœur :
Je fens fous leurs baifers fe dérober ma bouche,
   De leur fouffle faftidieux,
   Repouffer le tact & les feux ;
Je fens mon ame encore plus farouche,
Commander le dédain & la haine à mes yeux.

   Mais enfin que demandent-elles ?
   Eft-ce l'amant voluptueux
   Qu'au féjour des ris & des jeux
  L'Amour aimoit à porter fur fes aîles ?
Mon cœur ne puife plus de flammes dans leurs
             yeux :
  Et fi jamais mes fens trop infideles
  Me trahiffoient & couronnoient leurs vœux,
D'avance je maudis ces flammes criminelles ;
Oui, je m'en punirois bientôt avec fureur :
   Trop femblable au caillou près d'elles,
On le frappe, & fon fein lance des étincelles,
  Sans qu'il ait jamais de chaleur.

   Eft-ce le favori des Mufes
   Que redemande leur orgueil ?
  J'ai reconnu le fecret de leurs rufes :
   L'expérience eft leur écueil.
               G ij

Pourquoi célébrer de vains fonges,
Quand je puis tout donner à la réalité ?
Pourquoi proftituer ma plume à des menfonges ?
Il n'eft auprès de vous d'art que la vérité.

Suivez-moi, Déïté chérie ?
Suivant l'amant, qui n'eft plus que par vous :
Venez dans cette galerie ;
Voyez-vous ces portraits jaloux,
Où je crois voir déja l'Envie
Empreindre les traits du courroux :
Regardez : la voilà, cette Zélis volage,
Inconftante dans fes penchants,
Efprit charmant, caractere fauvage,
Coupable par fes goûts, toujours inconféquents.
Cette rofe fi fraîche à peine vient de naître :
Et déja fon calice ardent à s'entr'ouvrir,
A du papillon petit-maître,
Couronné l'inconftant defir :
Le frélon ofa le flétrir,
Et bientôt l'abeille peut-être
N'y pourra plus trouver de fucs à recueillir.

La voilà cette vive & folâtre Cécile ;
Extrême en tout, voluptueux objet,
Jeune jument, au frein trop indocile ;
Charmante alors qu'elle défefpéroit.
Mais fans guide, fans caractere
On ne pouvoit la hair ni l'aimer :

Elle n'avoit que trop pour plaire,
Et point affez pour fe faire eftimer.

Que l'art du Peintre a bien fçu rendre
L'air bruyant de cette Philis,
Dont l'œil divin, mais plus ardent que tendre,
Lance des feux jamais bien affoupis.
Comme à l'efprit elle a l'air de prétendre!
Elle promet toujours de jolis traits,
Que toujours on veut bien attendre,
Et qu'on ne voit venir jamais.
Quel teint! quelle affreufe criniere!
Quel carmin au lieu d'incarnat!
Comme le taĉt & l'odorat
Souffrent chacun à leur maniere?
Mais fon jargon féduit, on admire fon front:
Que fçais-je? elle feroit pour un cœur moins
farouche,
Peut-être à craindre, fi fa bouche
Ne guériffoit des maux que fes yeux font.

Cher objet, regardez cette modefte Annette,
Dont je vous ai vanté les mœurs,
Joli minois, ame parfaite,
Et le modele des bons cœurs.
Mais quelle eft fade à force d'être bonne!
Sans ufage, fans volupté,
Le cœur, l'efprit, le corps, la volonté,
Tout eft en elle monotone.

G iij

On voudroit envain s'embrafer
En exaltant les charmes de fa taille :
L'ennui reçoit & donne le baifer ;
     La bouche s'ouvre, & le cœur bâille.

     Près d'elle au milieu des plaifirs,
     Je l'apperçois cette Uranie,
Foyer brûlant, le centre des defirs :
Remarquez dans fes yeux fa brûlante furie ;
     Tous ces accens font des foupirs,
     Et fon ame fe liquefie.
     De fes tendres difcuffions
     L'Amour toujours la prend pour juge :
Ce Dieu, l'objet de fes affections,
     Se fauve à peine du déluge
     De fes douces libations.
     Que d'efprit, que de gentilleffe :
     Quel art d'écrire & de penfer !
Oui, jufque dans les bras de la trifte vieilleffe,
     L'Amour viendra la careffer.
     Mais auffi quel nombreux cortege
     De fortunés prédéceffeurs !
     Des prémices, de leurs douceurs
Vous pouvez feule offrir l'augufte privilege.
     Quand on connoît tous mes tréfors,
     Je ne crois plus être auffi riche :
A des profanes yeux je cache mes tranfports ;
     Un billet doux doit-il être une affiche ?
     Je fçais que le Dieu des Amours

Eſt auſſi le Dieu du myſtere :
L'ombre des préjugés, comme les demi-jours,
Rendent la volupté plus chere ;
Soyons pour ménager les loix & le vulgaire,
Brûlans ſous nos rideaux, ſages dans nos diſcours :
Qui brave tout ne peut me plaire.

Près d'elle, avec ſes beaux cheveux,
Voyez la charmante Clarice :
Elle forma pour moi les plus beaux nœuds ;
Du plus galant, du plus aimable Suiſſe
La fripponne enchaînoit les deſirs & les vœux.
A celui-ci douze autres ſe ſuccéderent :
En vérité je craignis qu'à la fin
L'Amour ne me punît de ce plaiſant deſtin ;
Mille ſcrupules m'accablerent.
Pour la quitter que de raiſons !
Car je crus, malgré ma conquête,
Qu'il étoit plus que malhonnête
De faire ainſi cocus tous les treize Cantons.

Furieux d'être encor volage
En dépit de mes beaux projets,
J'allois trouver cette Baucis que l'âge
Défendoit de mes feux ſecrets :
L'Amour m'auroit envain demandé mon hom-
mage ;
J'allois faire d'un vieux viſage
Une égide contre ſes traits.

J'arrive, j'entre. Au fond d'un charmant hermi-
        tage,

  Dans un boudoir des plus galans,
  J'apperçois mon laid personnage
Sous leurs autres roulant ses yeux toujours ardens :
   Et disputant contre ses dents
   Pour la liberté du langage,
   Au bruit des pivots chancelans,
De sa bouche putride ordinaire appanage.
  Il faisoit chaud. Bientôt de son corset
   J'apperçus une œillade impure
Annoncer à mes sens le désordre indiscret.
Avec chaque cordon cette antique masure
   Insensiblement s'écrouloit :
Contraste singulier de la même nature !
  Ses sens venoient, & mon cœur s'en alloit.

  Quand tout-à-coup une Nymphe charmante
   Vint frapper aux yeux enchantés.
  Dieux ! quel éclat ! entrez brune piquante :
   Déja mon ame petillante
   Se plonge au sein des voluptés.
On vous nomme Aglaë : de l'une des trois Graces
C'est le nom le plus cher. Mais elle y perd ses
        droits.

   Ah ! si pour célébrer mon choix,
De ces divinités les noms en un seul autre
  Etoient changés, s'il les rendoit tous trois.
  Belle Aglaë, ce nom seroit le vôtre.

Bientôt la novice pudeur
De cette jeune enchantereffe,
A fes defirs livra fon cœur,
Livra fes fens à ma tendreffe.
Qu'il fallut d'art & de fineffe !
Baucis, ce monftre fuborneur,
Dans mon traité d'amour & de bonheur
Sçut ftipuler pour elle & pour fa niéce.
Il fallut connoître bientôt
Un trifte effet, dont amour fut la caufe :
Il me fallut pour conferver la rofe,
Quietifte difcret, careffer le pavot.
Encor la vile fleur ofa-t-elle fe plaindre :
La rofe éprouva fon courroux ;
Je vis dès-lors tout ce qu'il falloit craindre
De fon dépit, de fes regards jaloux.
Mon Aglaë bientôt m'annonce
Un départ fatal à mes vœux :
J'allois m'arracher les cheveux ;
Quand j'en reçus cette réponfe :
» Fi donc, mon cher : je croyois qu'à Paris
» On connoiffoit mieux les ufages :
» Quittons-nous, mais fuivis des ris ;
» A nos Provinciaux fauvages
» Laiffons les larmes & les cris.
» De ton pays tu fais les honneurs à merveilles :
» Je fuis en goût, & mon cœur me répond
» Que je retrouverai des délices pareilles ;
» Pour le voyage auffi j'ai fait choix d'un fecond.

» Ne te plains pas : admire m'a prudence :
  » Je t'ai donné par volupté
  » Les prémices de ma conftance ;
  » Il aura, lui, dans ton abfence,
  » Celle de ma légéreté.
» Mais ce jour t'appartient : occupe encor ta
                 » place :
» Viens donc... » A ce difcours, de ma fimplicité
Riant moi-même, admirant fon audace,
Et m'enfuyant avec rapidité,
Je lui dis pour adieu : _Bon chien chaffe de race._

En la quittant je marchois au hazard :
Quand la timide Agnès vint s'offrir à ma vue ;
Qu'annoncent donc, me dit cette belle ingénue,
  Ce front chargé, cet œil hagard.
A fa voix je fentis la triftesse importune
  Fuir de mon cœur : & fon trait déchirant
    N'eut plus de force. En foupirant
    Je bénis ma bonne fortune :
La belle Agnès d'un dépit dévorant
    Calma l'excès, comme Neptune
    Calme les flots.... En fe montrant.
    Je l'aimai par reconnoiffance :
    Agnès étoit de bonne foi :
Elle fçavoit qu'une longue défenfe
Avoit mal défendu les places contre moi ;
  Elle aima mieux par pure modeftie
    Venir à compofition,

Et se rendre à discrétion ;
Pourquoi de son vainqueur irriter la furie ?

J'étois content : las de l'esprit
Des grands tons, & du persifflage,
Des trahisons, des fadaises, du bruit,
J'étois moins amoureux que sage.
Joli jardin cultivé de mes mains :
J'arrosois, je béchois, sémois chaque journée ;
Force tilleuls, des œillets, des jasmins,
Jolis berceaux, boudoirs d'une ame fortunée,
Où ce qu'on me donnoit devenoit des larcins ;
Mainte salade aux sucs divins
Par moi cueillie, affaisonnée ;
Mes jours étoient purs & sereins,
Et j'admirois ma destinée.

Nouveau malheur. La complaisante Agnès
Jusqu'à ce jour dans le silence
Avoit caché tous ses projets :
Une maudite confidence
Vint un matin troubler encor ma paix.
D'un public & saint mariage,
La sotte en soupirant me demanda les nœuds.
Un mari, moi ! » Mais vous n'êtes pas sage,
» Ma belle Agnès ; rien de plus ennuyeux.
» Croyez-moi, jamais d'esclavage :
» L'Amour est un enfant volage,
» Sa liberté le rend voluptueux ;

» Qu'on le gêne il eſt malheureux :
» Eſclave, il meurt : s'il vit, c'eſt par le badi-
» nage. »
C'étoit-là raiſonner au mieux.
Oui : mais prouver aux ſots qu'on a plus d'eſprit
qu'eux,
C'eſt les animer davantage.

L'imbécille exigea malgré tout un mari :
Je voulois bien par nonchalance
De ſon être tirer parti,
Et végéter par complaiſance.
On eſt bon, on ſe laiſſe aimer :
Refuſe-t-on ſa bouche à l'objet qu'elle tente ?
Quand on dort, cela vous évente ;
C'eſt un joli valet que l'on daigne former.
Mais épouſer ! complaiſance ſemblable
Mériteroit les petites-maiſons :
Auſſi bientôt un projet raiſonnable
Me délivra de ſes prétentions ;
Je lui choiſis un pauvre diable
Riche, & croyant beaucoup à mes leçons.
Je lui perſuadai ſans peine
Qu'il étoit des plus amoureux :
Sur ma parole, il pleuroit de ſon mieux,
Et ſoupiroit à perdre haleine.
Par égard, car toujours l'honnêteté me plut,
J'eus ſoin qu'il n'eût plus rien à faire,
Que ſa femme, en cas qu'il mourût,

Par ses travaux eût gagné son doüaire.

Le jour venu , de leur bonheur

Je vis former la chaîne salutaire :

Que de peines coûte un bon cœur !

Et ce jour-là , pour mon salaire ,

Pour la derniere fois j'eus le droit du Seigneur.

A tout attachement durable

Je crus enfin qu'il falloit renoncer :

Quand un nouvel objet , habile à caresser,

Vint ranimer mon être inépuisable.

Regardez-là sous ces faux attributs

Cette Julie à l'ame dangereuse,

Messaline vorace, hypocrite trompeuse ,

Qui toujours emprunta le masque des vertus.

Avec quel art son œil presque pudique

Mendia mon amour, & joua la candeur !

A peine osois-je allarmer la pudeur

Qu'en l'abhorrant feignoit son cœur lubrique.

Le serpent venimeux dans nos embrassemens ,

Rompoit avec un dard les sucs de ma tendresse :

Et le bruit de ses sifflemens

M'a réveillé dans les bras de l'ivresse.

Le nectar de l'amour n'étoit plus qu'un poison :

Il alloit courir dans mes veines;

J'ai rompu ces indignes chaînes ,

Et mon effroi m'a rendu ma raison.

Il s'est offert à moi, cette étonnante Orphise,

Sophiste ingénieux, bel-esprit cultivé :
   Et dont le cœur bien éprouvé
Sembloit ne craindre point une tendre surprise.
  Elle céda. Contemplez ces beaux yeux,
   Ce teint si frais, & ces lèvres de rose :
Je cherchois le bonheur ; de ce trésor heureux
Je la crus quelque-temps & l'effet & la cause.
    Vain espoir ! de longs argumens,
Des discours ennuyeux, des énigmes pesantes,
   Et de ces phrases languissantes,
   Traînant de vains raisonnemens,
  Pour disserter des fadaises sublimes
   Dans le plus tendre des momens :
   Mêlant à mes baisers brûlans
Les froids glaçons de ces tristes maximes,
Et sur ce lit, témoin de mes transports ardens,
   Commettant le plus grand des crimes,
Celui de m'y paroître un docteur sur les bancs.

Comment lui pardonner ! la touchante Lisette
  Vint m'arracher de ses bras ennuyeux.
  Ingénieuse, amusante, coquette,
   Le plaisir brilloit dans ses yeux :
   Sa voix étoit une musette,
Ses regards des éclairs, tous les talens ses jeux
  Ce n'étoient point des rideaux somptueux ;
   C'étoit une simple coуchette,
   Où par cent replis tortueux
La gaze en ses contours plus ou moins indiscrette

Ménageoit mille jours heureux.

Dieux! qu'elle étoit enchantereſſe!

Dans ſon portrait vous devinez ſes ſens:

Jamais jeune & belle maîtreſſe

Ne mérita, cueillit, & brûla plus d'encens.

Mais la fripponne, allerte, petillante,

Toujours au-deſſus du travail,

En reſſources féconde, & toujours agaçante

De l'univers auroit fait ſon ſerrail;

Je la jugeai trop bienfaiſante;

Et l'enſemble me fit redouter le détail.

Où donc aller? La jeune Alcimadure,

Auſſi fraîche que le printemps,

Offrit à mes deſirs, eſprit, talens, figure:

Mes feux pour cette fois alloient être conſtans.

Mais pour bien ſoutenir ma flamme,

Il lui falloit un aliment:

Le ſort le voulut autrement;

Apeine un corps, point du tout d'ame.

Alcimadure incapable d'aimer,

Ne brûloit que pour elle-même

Tout l'encens, que le Dieu qui devoit la charmer

Auroit dû recevoir pour ſon bonheur ſuprême.

Alcimadure ſans témoin

Eût cédé par indifférence:

Er je la vis foible par négligence,

Comme une autre l'eſt par beſoin.

Quel choix! mon ame rebutée

Renonçoit par dépit à tout engagement,
  Lorſque Sylvie enfin s'eſt préſentée :
Dans ſes traits, dans ſes goûts, tout me parut
                           charmant.

    Le deſir, l'ivreſſe premiere
  Avoit produit un effet merveilleux :
    Mais quand retrouvant la lumiere
    Après un inſtant précieux,
Je voulus lire encor mon bonheur dans ſes yeux,
    Je n'y lus que ſon baptiſtaire.
J'étois quitte avec elle. Au trouble de mes ſens
  Elle devoit le plus brillant hommage :
  Si par mes feux elle compta ſon âge,
Elle ne dut alors ſe croire que quinze ans.

    O vous, dont l'adroite induſtrie
    Surprit ſi ſouvent mes ſoupirs,
  O vous, par qui dans cette galerie
Je compte mes erreurs & non pas mes plaiſirs,
  Reconnoiſſez, regardez votre Reine :
Ce que j'aime eſt ici ; quel eſpoir gardez-vous?
  Elle eſt ma gloire, & votre ſouveraine :
    Diſparoiſſez ; je daigne à peine
    Remarquer vos regards jaloux.

Ame de mes deſirs, ô ma céleſte Amie!
  Vous poſſédez la fraîcheur de Zélis,
Les traits d'Alcimadure, & l'eſprit d'Uranie,
Les charmes de Liſette, & le front de Philis,
                          L'ame

L'ame d'Annette avec sa modestie.

Je n'ai point dû, parmi ces noms impurs,

Placer le nom de l'objet que j'adore :

On ne voit point les rayons de l'aurore,

Du triste hiver marquer les jours obscurs.

Si je suis moins qu'un Dieu, je serai plus qu'un
homme,

Tant que mon culte vous plaira :

Sur votre nom mon respect se taira ;

Mais qui vous connoît bien, en me lisant vous
nomme :

Qui me connoît, vous connoîtra.

ÉPITRE XII.

Le Congé donné.

A MADAME . . . . .

ETRE méchant, moins femme que Mégere,

Toi que je ne nommerai pas,

Dont l'ame vile & le cœur bas

Ont si peu mérité cet égard volontaire ;

Monstre qui rampas pour me plaire,

Tu veux encore une Epître de moi :

Eh-bien ! il faut te satisfaire ;

Cette missive est la derniere,

Que ma folie écrit pour toi.
Je te l'apprends : notre chaîne eſt rompue :
Le ciel m'a ménagé ce trop heureux'moment.
Déja la rage naît dans ton ame éperdue,
Mais pour réponſe, écoute un récit important.

     Avant que je t'euſſe connue
     L'amour m'avoit pour logement,
     Dans la plus jolie avenue
Choiſi lui-même un lieu digne d'un tendre amant,
Séjour délicieux où tout flattoit la vue,
     Où tout parloit du ſentiment.
   Fier de ſon choix, j'étendois mon domaine
   Tout à l'entour de mon petit donjon :
     Je pleurois ſur un double mont,
     Où la fraiſe naiſſante à peine,
De la roſe en fraîcheur égaloit le bouton.
   Puis tout auprès, dans un petit vallon
     Etoit une pure fontaine :
   Un bois touffu, myſtérieux ſéjour,
     Ombrageoit cette ſource vive,
     Que jamais les rayons du jour
   Ne pénétroient de leur chaleur active,
     Qu'alors que le folâtre Amour
     Venoit de ſa main bienfaiſante
Ecarter le rideau que la pudeur tremblante
   Lui diſputoit, lui cédoit tour-à-tour.
   Un temple étoit près la ſource ſacrée,
   Temple fameux par ſes libations :
Deux colonnes de marbre en ſoutenoient l'entrée;

'y cultivois des fleurs dans toutes les faifons.
Lieux enchanteurs,qu'aimable étoit votre retraite!
  Des fleurs du plus riant éclat
 De leur tapis couvroient ma maifonnette :
   Et la volupté fatisfaite
 Sur des couffins dont le tendre incarnat
  Secondoit la vertu fecrette,
Me berçoit, m'enivroit d'une douceur parfaite
   Par ce mouvement délicat,
Qui pour nous rendre heureux finit & fe répete.
Pour m'y bien établir que de foins j'avois pris!
  Mais par malheur je fus volage :
Pour un autre féjour, trompé par tes avis,
   Je quittai mon doux hermitage,
   Et j'acceptai celui que tu m'offris.
A croire tes difcours rien n'égaloit fon prix:
   On eft curieux à mon âge ;
   Je te crus & je le fuivis.

   Un certain homme débonnaire
En vertu d'un bon bail occupoit ce logis,
  Très-réfolu de ne s'en point défaire,
   Et redoutant tout locataire
   Suivi des Graces & des Ris.
   Mais alors ta vive tendreffe
   Sçut tout braver, tout effayer :
Tu trompas le bonhomme, & ta brûlante adreffe
Pour habiter ailleurs l'ayant fçu renvoyer,
   Tu devins feule mon hôteffe,
                    H ij

Et je pris bientôt à loyer
Cette demeure enchantereſſe
Où chaque jour tu te faiſois payer
Des à-comptes que ta fineſſe
En cent façons ſçavoit multiplier.
Mais à la fin, mon très-cher créancier,
De toujours ſolder je m'ennuye :
Comptons ; je veux apprécier
Ma complaiſance & ta galanterie.
Dans ton logis tu m'as très-bien reçu :
Il t'a fallu pour moi bien duper un bonhomme ;
Mais enfin le lourdaut t'aſſomme :
C'eſt à toi-même un ſervice rendu.
Par mille peines attentives
J'acquittois chaque jour mes obligations :
Combien de réparations
Que tu me diſois locatives !
Conviens-en : rien ne me coûtoit :
Je cultivois avec courage ;
A chaque inſtant nouvel ouvrage ;
La moindre fleur m'inquiétoit.
Chaque jour ma tendre folie
Varioit notre amuſement :
Toujours chanſonnette jolie,
Douce complaiſance, enjouement,
Mots plaiſans, galante ſaillie,
Et tranſports... à commandement !
Plus joliment peut-on paſſer la vie !
Tu m'as traité bien autrement :

Ma félicité m'eſt ravie.

Pour quel logis encor ! plus de roſes, d'œillets,

Plus de ces fleurs qu'offroit ma chartreuſe pre-
              miere :

La jonquille par-tout naiſſoit dans ton parterre ;

Le pavot, le ſouci compoſoient mes bouquets.

Ta retraite offre bien tous les mêmes objets

Que ceux qu'abandonna ma coupable inconſtance:

      Mais entre eux quelle différence !

Que je ſuis bien puni par mes juſtes regrets.

      Plus de colonnes arrondies,

   Soutien d'un Temple, où le Plaiſir adroit

      Logeoit les Graces à l'étroit

      Pour les mieux ſentir réunies.

      De groſſes maſſes applaties

Soutiennent le fardeau d'un logement quarré,

      Où dans des routes ennemies

   Plus d'une fois l'Amour s'eſt égaré.

Point de naiſſantes fleurs, point de mouſſe légere,

      Qui de la ſource ornât les bords :

Une large charmille arrêtoit les efforts

      Qu'eſſayoit le Dieu du myſtere.

      Quelle habitation, grands Dieux !

Mais ce n'eſt rien encor. Galant, infatigable,

      Jeune, leſte, voluptueux,

      De mon exiſtence inflammable

      Tu ſcrutois le foyer heureux.

      Je t'offrois dans mon tendre hommage

      Mon cœur, mon eſprit, mes talens,

              H iij

De la dent, des cheveux, des transports pétillans,
     Et tout ce qu'on tient à mon âge.
     En échange qu'ai-je reçu ?
   Tes grands appas dont ma bonté trop sotte
   Pendant six mois m'a fait le dom Quichotte,
   De larges mains, un menton bien velu,
     De grands pieds, une faim canine,
Une peau de chagrin, depuis ton nez crochu
     Jusqu'à cette double colline,
     Qui plus d'une fois m'a perdu
   Dans les replis de sa molle étamine.
Ce n'est pas tout. Depuis que j'habite avec toi,
   La Médisance & sa mere l'Envie,
     La Fureur & la Calomnie
     Lancent sans cesse autour de moi
     Les traits dont s'arme leur furie.
   Je t'aurois pu pardonner mes ennuis,
Ces appas, dont le tact redoute la souplesse,
     Et ces trésors abâtardis
   Que la nature avec tant de largesse,
     En te formant t'a départis.
     On m'eût cru toujours idolâtre
     Si je n'eusse eu qu'à redouter
   Le coloris de ton tein olivâtre ;
     Si je n'eusse eu qu'à supporter
Tous ces blocs de safran que tu disois d'albâtre.
     Mais que je partage l'horreur,
     Qu'en tous lieux ta présence inspire :
     Mais qu'il semble que ta fureur

Ait pu me plaire ou me séduire,

Cette effroyable idée épouvante mon cœur.

Reprends ton logement, hôtesse trop indigne :

Je veux, je dois t'oublier & te fuir,

Je te donne congé ; mon ame qui t'assigne

A pour Huissier le répentir.

Rappelle en ta maison le sot que ton audace

En cent façons aime à berner :

Qu'il revienne occuper sa place,

Te prier de lui pardonner ;

Qu'il rentre dans ses droits. Pour qu'il soit mieux

ta dupe,

Jure-lui qu'il est sans égal,

Qu'il ne peut avoir de rival :

Qu'à flatter son orgueil ton adresse s'occupe ;

De moi sur-tout dis-lui beaucoup de mal.

Afin que le public s'y trompe,

Dis des grands mots, fais des sermens :

Crie à l'honneur : peins lui tes rigueurs avec

pompe ;

Il faut exagérer mes prétendus tourmens.

Pour ne point devenir suspecte

Dédaigne mon esprit, mes forces, mes cheveux ;

Trouve du louche dans mes yeux ;

Que par-tout ta rigueur affecte

En m'entendant nommer un mépris rigoureux ;

Suppose que l'on te respecte

Pour éblouir les sots que tu séduiras mieux.

Pour que la foi publique enfin te soit acquise,

H iv

Dis fi tu veux que le cruel deftin
Me fît le même affront qu'un Chanoine affaffin
Fît fubir à l'amant de la tendre Héloïfe.
J'en rirai le premier. Mais ta démangeaifon
  De parler mal doit avoir quelque terme :
  N'attaque point ma réputation ;
Es-tu pour un tel choc fûre d'être bien ferme?
Dans ce cas j'ai fait choix d'une punition :
De ton vafte logis à qui voudra l'entendre,
  Je ferai la defcription :
  Et pour aider à l'application,
  Si contre moi tu veux trop entreprendre,
  Pour qu'on ne puiffe s'y méprendre,
En tête de ces vers je placerai ton nom.

ÉPITRE XIII.

A l'Amour, en lui envoyant le Portrait
de SAPHO.

ARBITRE fouverain de tout ce qui refpire,
  O toi le plus puiffant des Dieux,
  Qui fçais enchaîner d'un fourire
Les habitans de la terre & des cieux ;
  Suprême bienfaicteur du monde,
Toi qui de la nature animes les refforts,
  Dont la puiffance éternelle & féconde
Des trois *regnes* divers a fixé les accords ;

Principe premier de tout être,
Qui dans ton fein portois cet univers
Avant que ton feu t'eût fait naître :
Amour, daigne agréer ces vers.
Tu fçais quelle reconnoissance
Enchaîne mon cœur fous tes loix:
Tu fçais, si jamais ta puissance
M'a trouvé rebelle à ta voix.
Ah ! quel mortel par plus de facrifices
Signala fa tendre fureur ?
De mon efprit ton temple eut les prémices,
Comme ton culte eut celles de mon cœur.
Mais en ce jour une vive flamme
Doit de mes chants feconder les efforts :
Viens accorder ta lyre aux concerts de mon ame ;
L'homme & le Dieu n'auront que les mêmes
transports.

Ecoute ces vers, ô mon maître :
Jamais on ne chanta fur un fujet plus beau ;
Viens fur mon fein fecouer ton flambeau . . .
Tu m'exauces : mon cœur femble apprendre à
renaître :
Où fuis-je ? quelle extafe ! Ah ! c'en eft trop peut-
être ;
Arrête, je fuccombe... Un tranfport fi nouveau...
Je n'y réfifte plus: ta puiffance m'accable ;
Mon ame nage au fein d'un torrent délectable,
Et fe confond dans tes bienfaits :

Je perds d'un plaisir ineffable
Ce que m'en dérobe l'excès . . . .

Mais quel doux zéphyr renouvelle
Et mes forces & mon esprit !
Amour, en s'agitant ton aîle
Me soulage, & me rafraîchit.
Profitons des momens : du feu qui me consume
Fais dans mes vers passer toute l'ardeur :
Et que l'on doute en sentant leur chaleur,
Si ton aîle a fourni la plume,
Ou s'ils étoient déja tout écrits dans mon cœur.

Fils de Vénus, quand avec complaisance
Tu regardes tous les mortels :
Lorsque tu comptes les autels
Elevés à ta bienfaisance :
Quand la nature ardente à t'obéir,
De ses attraits te fait l'hommage ;
Quand le rideau du verd feuillage
Devient le rideau du plaisir,
Et la vertu d'un temple, où zéphyr moins volage,
Sur le trône heureux du desir
Berce la pudeur moins sauvage ;
Dieu charmant, ton cœur en secret
S'applaudit des effets de ta toute-Puissance,
Et tu crois que sans ta présence
L'univers entier languiroit.
Détrompe-toi : tous tes bienfaits ensemble

N'égalent point le bien, que favoure mon cœur;
　　Apprend qu'un feul objet raffemble
　Tous les attraits, qui donnent le bonheur.
On le nomme Sapho : près d'elle tout s'engage ;
　　L'aimant du cœur, c'eft fon afpect :
　　Ecoute, & frémis, Dieu volage ;
　　Je vais la peindre trait pour trait.
　Viens préfider toi-même à mon ouvrage :
Eh ! que dis-je ? Pfyché bientôt t'en gronderoit ;
Dans ton cœur prudemment renferme ton fuf-
　　　　　　　　　　　frage :
　　Ta mere même en pâliroit.

　De fes cheveux les treffes ondoyantes
　Flottent au gré des amoureux zéphyrs :
　　Voiles facrés, chaînes charmantes,
Quand vos nœuds feront-ils formés par les plai-
　　　　　　　　　firs?
Amour, en les voyant couvrir fon cou d'albâtre,
Tu croirois admirer ces flots purs, argentés,
　Ces nappes d'eau, qu'une Nymphe folâtre
　Répand en s'y couchant au fein de voluptés.
　　Son front, fymbole du génie,
D'un modele charmant, d'une exacte grandeur,
De fon intelligence annonce l'harmonie,
　De fa belle ame annonce la candeur.
　Comme il raffure une ame trop timide !
Ah ! fi toujours tu portes un bandeau,
On doit te croire, Amour, plus coquet que perfide :

Sans doute tu rougis d'avoir un front moins beau?

Que ſes yeux ſont touchans ! mais qu'ils ſont
                    redoutables !
    Les arcs vainqueurs de ſes ſourcils
    Les rendent encor plus aimables :
Leur teinte naturelle y donne encor un prix.
    Tous deux ſemblent d'intelligence
Se mouvoir, ſe prêter aux jeux de ſon eſprit,
Marquer l'endroit du front où la candeur finit,
    Mais où la malice commence.
    Quels yeux ! quels preſtiges divers !
    Que de feux leurs prunelles lancent !
    Leurs mouvemens ſont des éclairs :
    Malheureux ceux qui les offenſent !
On les voit tour-à-tour de l'ingénuité
    Exprimer la douce éloquence :
    Et tantôt de la vérité
Pénétrer & ſonder l'abyſme trop immenſe.
Beaux yeux, laiſſez-nous donc la douce liberté
De vous croire du moins fideles interpretes
    De ces deſirs, qu'inſpire la beauté :
    Mais trop ſouvent, barbares que vous êtes,
    Vous mentez à la volupté.
Tendre Amour, d'être aveugle, hélas ! puis-je te
                  plaindre ?
    Les yeux qu'on t'avoit deſtinés,
    Pour mieux nous inſtruire à la craindre,
    A ma Sapho le ſort les a donnés.

Un nez charmant, expiégle avec noblesse,
Donne à ses traits l'ensemble délicat
De l'esprit & de la finesse :
Il semble défièr le Dieu qu'elle combat.
On en croit voir jaillir par étincelles
Des feux, que par malheur elle ne ressent pas :
Semblable à ces coursiers rebelles
Qui font voler la flamme sous leurs pas.
Leur souffle aussi brûlant, aussi fier que leur être,
Etonne tout pouvoir humain :
Leur cœur ne connoît point de maître,
Et ne souffre jamais de frein.

De ses oreilles que la rose
Tapisse de son doux satin,
Périsse, Amour, tout mortel qui s'expose
A blesser le timpan divin.
Comme il repoussera la voix de tout profane,
Qui ne parleroit pas un langage enchanteur !
Qu'il m'est cher cet heureux organe,
Par qui seul je pourrois aller jusqu'à son cœur.

Que n'ose-t-on se venger sur sa bouche
Des tourmens que causent ses yeux !
Comment sans paroître farouche
Force-t-elle au respect les Amours & les Dieux ?
Le sourire s'y place, & bannit la contrainte :
En la caressant au menton,
Les Graces de leur doigt y laisserent l'empreinte,

Chaque trait vaut un Cupidon.
Dieux! quel plaifir, quand cette bouche s'ouvre!
Que d'attraits! de fes dents que l'émail eft brillant!
   On croiroit voir le plaifir dans fon Louvre
Entouré de rubis, des perles d'Orient.

    O vous! Artifte ingénieufe,
  A qui l'Albane à prêté fes pinceaux :
    Dont la magie induftrieufe
Reproduit chaque jour les objets les plus beaux :
    Il m'en fouvient, jeune Thémire,
Que vous vîtes un jour Sapho fortir du bain ;
Que de tréfors votre art a daigné me décrire!
  \Les moindres traits ont paffé dans mon fein.
   Oui, s'il fe peut, effayons de les rendre :
Ah! quitte ton flambeau, ceffe de l'agiter,
  Tu vas connoître, Amour, un feu plus tendre ;
    Il te fuffit de m'écouter.

Sur deux globes charmans la volupté repofe :
Le mouvement léger de leurs fermes contours
Repouffe en lui cédant la gaze qui s'oppofe
    Au zéphyr, dont l'heureux fecours
    Veut fervir tout mortel, qui n'ofe
Devoir à fes larcins des heureux demi-jours.
    Comme ce fein charmant s'agite!
Puiffe-t-il annoncer notre félicité!
  Si de Sapho jamais le cœur palpite,
    Oui, s'il bat pour la volupté,

Que votre mouvement alors fe précipite,
　　Tréfors divins: trahiffez fa fierté.
Semblable au balancier d'une jufte pendule:
L'aiguille & le cadran inutiles fans lui,
　　Tromperoient un œil trop crédule;
Que de même le cœur foit par vous averti:
　　　Si d'un feu fecret fon cœur brûle,
　　Marquez l'inftant, où fier de fe venger,
　　　Le plaifir vainqueur du fcrupule
　　　Fait fonner l'heure du berger.

Amour, fi tu fçavois avec quelle éloquence
Thémire, dont les yeux ont vu tant de tréfors,
　　　M'a dépeint l'heureufe élégance
　　De ces contours cachés à nos tranfports.
　　　Par-tout des foffettes charmantes,
Où l'œil en admirant, dans fon choix fe perdroit:
　　　Par-tout les Graces bienfaifantes
　　De leurs faveurs ont empreint le cachet.
Un pied divin, une jambe célefte
Annoncent ce qu'on ne voit pas:
　　　Et ce qu'on voit, par fes appas,
　　Fait foupçonner & defirer le refte.
　　En la voyant, un œil ingénieux
Va jufqu'en fon boudoir furprendre la nature:
　　　Et déchirant des voiles odieux,
　Ofe à cette Vénus dérober fa ceinture.
Deux blocs d'un blan fatin dans un culte facré
　　　Feroient naître des héréfies;

Mais des richeſſes infinies
Fixent bientôt ailleurs un mortel égaré.

Si près d'un temple délectable
Un jeune berger amoureux
Trouve une grotte favorable,
Où le myſtere applaudiſſe à ſes feux,
Où mille objets délicieux
Affectent tous ſes ſens d'un plaiſir ineffable :
Oubliera-t-il pour ces beaux lieux
Le temple où de ſa belle il reconnoît les traces ?
Non, non : il quittera cet aſyle des jeux
Pour le ſanctuaire des Graces.
Bientôt un joli bois taillé par les plaiſirs,
A ſes yeux offrira cette urne où le myſtere
Filtre par les mains des deſirs
Le nectar qu'on boit à Cythere ;
Il verra d'un œil enflammé
Le coloris des fleurs nouvellement écloſes,
Et ce tabernacle formé
Du tiſſu velouté des roſes.
Mais, que dis-je ? il verra ! tout ce que je décris
S'eſt offert aux yeux de Thémire :
Oui, je tiens d'elle, Amour tous ces détails chéris ;
Je brûle en t'écrivant, à peine je reſpire....
Eh ! que ſeroit-ce donc, ſi mes yeux éblouis ?...
Ah ! dans l'excès de mon délire
J'euſſe expiré ; mais à ce prix
Mourir eſt un bonheur ; & vivre eſt un martyre,

Quand

Quand de transports & de soif dévoré,
On croit voir toujours fuir la coupe qu'on desire ;
Quand sans cesse on se meurt, pour renaître altéré.
Que n'êtes-vous encor, temps des métamorphoses!
Pour orner, pour baigner un objet aussi beau,
   Je renaîtrois au sein des fleurs écloses;
     Je serois le Dieu d'un ruisseau.
Insensé, je m'égare! où m'emporte ma flamme?
Tous ces attraits si chers par l'embarras du choix
Ne sont encor, Amour, que ses plus foibles droits
    A charmer, à fixer une ame.

    Jamais un esprit plus brillant
   N'a pu prouver une ame mieux pensante :
Expression facile, & langage riant ;
    Elle paroît encor moins étonnante
A l'amant qui la voit, qu'au sage qui l'entend.
    Raison, sentiment, ou systême,
    Tout en elle est sage & parfait :
De ses discours l'éloge le mieux fait
    Sont toujours ses discours eux-mêmes.
    Sçavante sans prétention,
    Folâtre avec délicatesse,
On est surpris qu'un mot plein de finesse,
    Pour faire aimer une leçon
   A l'enjouement unisse la justesse.
Le cœur semble près d'elle éclorre à la sagesse :
    Il cede à son impulsion ;
Tel que ces animaux, dont l'admirable espece

Tome II.   I

Pour naître attend la chaleur d'un rayon.

Quel assemblage de merveilles !
Sa voix enchante , & nous égale aux Dieux :
Quand je la vois, mon ame est dans mes yeux,
Quand je l'entends , elle est dans mes oreilles.
Pour résister à ses accens
Quel cœur est assez inflexible ?
Alors qu'un instrument, que l'on croiroit sensible,
S'accorde à tout l'art de ses chants.
Ses bras en cercle s'arrondissent :
Sous ses doigts formés en fuseaux
Le bois s'anime ; & bientôt pour échos
Les cœurs à l'unisson & vibrent & frémissent.

Mais, que vois-je? où vas-tu? quel ordre as-tu
donné
Amour, pourquoi ce char ? pour quel nouveau
voyage
Par toi me vois-je abandonné ?
Rien ne peut donc t'arrêter, Dieu volage !
Quel appareil pompeux ! jamais de tant d'éclat
Ton art, Enfant coquet, n'a relevé tes charmes :
Pourquoi demandes-tu tes armes ? . . . .
Je te comprends, Dieu trop ingrat.

Déja ton ame impatiente
Brûle de voir Sapho, d'oser par tes sermens
Troubler sa pudeur innocente :

Il te tarde, cruel de verser dans ses sens
Le nitre dévorant d'une flamme brûlante,
  Et d'arroser tes traits les plus perçans
    Des pleurs d'une beauté touchante.
    Eh-bien ! suis-moi : j'ose te défier :
Que je serai content de voir couler tes larmes,
Tomber à ses genoux, te plaindre, & supplier,
Connoître les regrets, le dépit, les allarmes,
Pour la premiere fois te voir humilier.

Tu ne sçais pas encor combien son ame est grande :
    Qu'importe qu'à ses vœux
    Un Mars, un Adonis prétende;
Elle voit du même œil & les Rois & les Dieux.
Oui, toutes les vertus composent son essence :
    La pudeur est sa volupté;
    Ses pleurs sont pour l'Humanité,
  Et son sourire est pour la Bienfaisance.
Amour, ah ! si jamais dans son sein ton flambeau
    Portoit une flamme invisible,
  Si tant de gloire enfin étoit possible;
    Dans un triomphe si nouveau,
    Le plus tendre, le plus sensible
    Seroit toujours à ses yeux le plus beau.

Viens, Dieu charmant : que cette aimable troupe
  D'enfans badins qui volent sur tes pas,
    Dévoile à ses yeux leurs appas :
    Verse pour elle à pleine coupe

Le nectar qu'on préfente aux amans délicats ;
    Je t'attends, je ceffe d'écrire.
  Nous tomberons enfemble à fes genoux :
Viens me voir à fes pieds ; le feu de mon délire
Me rendra redoutable & te rendra jaloux.
Si de quelque mortel la flamme enchantereffe
    Me ravit l'honneur de fon choix,
  Si du plaifir enfin la douce ivreffe
  La foumet à fes tendres loix :
  Ce cher objet, jufqu'alors invincible,
Amour te connoîtra, fans porter ton bandeau ;
Tu l'entendras crier : « Quel plaifir indicible !
» J'aime, & pour mériter un bonheur fi nouveau,
    » Le plus tendre & le plus fenfible
  » Sera toujours à mes yeux le plus beau.

FIN DU LIVRE SECOND.

ŒUVRES

MÊLÉES.

LIVRE TROISIEME.

PIECES FUGITIVES.

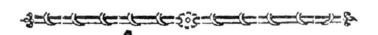

EGLOGUE.

PHILINTE.

Echos, miniſtres des Amours,
De nos ſecrets heureux dépoſitaires,
Confidens des tendres myſteres,
Doux interpretes des ſoupirs,
Echos, accompagnez les accens de ma lyre :
Ici tout charme & tout ſoupire.

Lieu charmant, palais enchanteur,
Lorsqu'à l'ombre de tes feuillages
Je repose sous tes bocages,
Amour lui-même envieroit mon bonheur.

Cependant tes charmes
Ne suffisent pas :
Toujours quelques larmes
Suivent mes hélas !
Phébus dort encore ,
Le repos me fuit :
Dès que naît l'aurore ,
J'appelle la nuit.
Par quelle inexprimable ivresse
Mes yeux sont-ils pleins de langueur,
Et mon cœur de tendresse ?
L'Amour seroit - il mon vainqueur !
Echos, accompagnez les accens de ma lyre,
Ici tout charme & tout soupire.

Ici les habitans des airs
Forment de plus tendres concerts :
Philomele sous le bocage
Me semble soupirer plus amoureusément.
Dans un transport plus délectable
Le tourtereau fidele amant,
D'une conquête à ses vœux favorable,
Donne des baisers qu'on lui rend.
Dieux ! en le voyant

Tout mon cœur palpite ,
Ma flamme s'irrite :
Ma tremblante main
Demande une chaîne :
Ma brûlante haleine
Appelle un beau sein.
Echos , accompagnez les accens de ma lyre :
Ici tout charme & tout soupire.

Sur un lit de fleurs
Je vois dormir Flore :
La charmante Aurore ,
Ouvre par ses pleurs
Le sein de la rose ;
Il s'épanouit :
Zéphyr s'y repose ,
Zéphyr en jouit.
Quelle est sa tendresse !
Comme il la caresse !
Sous le réduit de ces bosquets ,
Dans le silence des forêts ,
Zéphyre voltige & murmure :
Dans ces lieux enchanteurs , il charme la nature
Par son souffle doux & léger ;
Souffle d'amour , dangereux artifice ,
S'il est bien vrai qu'aimer soit un supplice ,
Que s'enflammer soit un danger.
Echos , accompagnez les accens de ma lyre :
Ici tout charme & tout soupire.

Mais de ces lieux tous les charmes divers
Ne femblent qu'augmenter ma peine :
Envain je veux les fuir : tout m'y donne des fers ;
Un pouvoir fecret m'y ramene.
Si je m'en fouviens bien, c'eft depuis le beau jour
Où pour la fête du village
Philis danfa fous ce bocage,
Y raffembla les Graces & l'Amour.
Comme moi nos bergers, fans en fçavoir la caufe,
Soupirent depuis ce moment :
Mais j'ai le cœur plus tendre; & cela feul m'expofe
A fouffrir un plus grand tourment.
Echos, accompagnez les accens de ma lyre :
Ici tout charme & tout foupire.

Qu'entends-je ?.... quels divins accens!
Oifeaux, ceffez votre ramage,
C'eft Philis, écoutez fes chants ;
Amour, au trouble que je fens,
Je le connois; c'eft-elle qui m'engage.
Il la faut contempler caché fous ce feuillage.
Que vois-je ?.... Elle ôte fes habits :
Elle va fe baigner.... Compagnons trop fideles,
Eloignez-vous, folâtres Ris,
Ne la couvrez point de vos aîles.
Vous jouiffez d'un fort trop beau ;
Vous l'embraffez, onde trop fortunée :
Amour, change ma deftinée,
Et rends-moi cet heureux ruiffeau.

Ris, de votre reine
Treſſez les cheveux,
Des plaiſirs, des Jeux
Ils feront la chaîne....
Où ſuis-je ? ô tranſports !
Quels divins tréſors !
Sa gorge d'albâtre
Eblouit mes yeux :
Bergere folâtre,
Couronnez mes vœux.
Maître de la terre,
Elle va chanter ;
Quitte ton tonnerre,
Deſcends l'écouter.
Echos, accompagnez les accens de ma lyre :
Ici pour elle tout ſoupire.

Elle va nommer ſon berger.....
Ah ! je meurs d'eſpoir, & de crainte ;
Quel mortel a ſçu l'engager ?
Le mot eſt dit : elle a nommé.... Philinte.
Folâtres Amours,
Chantez ma victoire,
Célébrez ma gloire,
Filez mes beaux jours.
Allons la ſurprendre :
Un tardif amant,
Souvent pour attendre,

Perd l'heureux inſtant.
Echos, accompagnez les accens de ma lyre,
C'eſt de plaiſir que je ſoupire.

VERS

A MADAME LA DUCHESSE

DE LA TREMOILLE,

Sur la naiſſance de ſon troiſieme Fils.

Ne vante plus tes demi-Dieux,
Superbe Antiquité : le crime de leur mere
Ne leur donnoit ſouvent tant d'illuſtres aïeux,
  Qu'en aſſûrant la honte de leur pere.
    Aux pieds même de leurs autels
    Alors on voyoit des Déeſſes
    Aux Dieux préférer les mortels,
    Et s'honorer de leurs foibleſſes.
    Le mélange d'un ſang impur
    Forma de coupables contraſtes :
    La Gloire raya de ſes faſtes
Plus d'un enfant de Mars auſſi lâche qu'obſcur.
    Trop foible encor ſous ſon égide,
    Pallas brûloit d'un tendre feu :
    Vénus n'eut qu'un fils qui fut Dieu :
    Mais quel Dieu qu'un enfant perfide,

Pour qui la molleffe eft un jeu,

Et dont la Folie eft le guide.

O Gloire, amante des grands cœurs,

Divinité qui veille fur la France,

Viens d'un jeune Héros célébrer la naiffance,

Sous ces berceaux viens répandre des fleurs.

Pour en former une couronne,

Unis le myrthe & le laurier :

Place deux époux fur ton trône ;

Comble des mêmes biens l'Amante & le Guerrier.

Regardé cet enfant : on a vu d'une nuë

Eclater, defcendre un rayon,

Se repofer fur fa tête ingénuë :

Il fera digne de fon nom.

Augure heureux, trop heureufe efpérancè !

Salmes, la Tremoille, Bouillon,

Que de devoirs impofe fa naiffance !

La vertu doit en lui devancer la raifon.

Epoux heureux, le ciel propice

Couronne vos vertus, celles de vos aïeux :

Et fa bonté favorable à vos vœux,

Par le don de trois fils acquitte fa juftice.

L'Amour, ainfi que la Fortune,

Pour vous ont quitté leur bandeau :

Des faveurs d'un deftin fi beau

La févere Equité n'en reclame pas une.

Dieux tutélaires des François,

Aimables & puiffans génies,

Qui des Amours guidez les traits,

Qui des Nymphes les plus jolies
Comptez , confacrez les bienfaits;
Sur l'autel du Patriotifme
Portez ces trois enfans adoptés par l'Honneur:
Là , que le Dieu de l'Héroïfme
Empreigne fon fceau fur leur cœur :
Les larmes d'une tendre mere
Couleront pour libations ;
Dignes de ce facré myftere ,
Gloire , ces jeunes nourriffons
Y jureront fur le fer de leur pere ,
D'être l'exemple & l'amour de la terre ,
Pour garder leurs fermens, pour fuivre fes leçons.
Quel augufte & brillant fpectacle !
Sous les traits des époux, Mars, l'Amour & Vénus
Portent fur l'autel leurs tributs :
Chaque inftant produit un miracle ,
Chaque hymne en eft une aux vertus.
La Gloire eft la prêtreffe,& l'Honneur eft l'oracle:
Famille féconde en Héros ,
Agréez les tranfports d'un Citoyen paifible ,
Dont le cœur ardent & fenfible
Célebre le deftin de ces guerriers nouveaux.
Pour ma Patrie, hélas! formant des vœux finceres,
J'ai dû chanter ces illuftres enfans :
Cette mere commune égale tous les rangs;
Et comme Citoyen j'ai cru chanter mes freres.

VERS

A MADEMOISELLE

DE BELL...

Après lui avoir vu jouer le Rôle
d'Hermione.

Qu'EN t'éveillant, adorable JULIE,
　　Tes premiers regards foient pour moi :
Que les premiers élans de ton génie
Soient pour Vénus, puifqu'ils feront pour toi.
　　O femme de tous les mérites,
Que ton pouvoir, que ton art font brillans !
Envers le ciel, envers nous tu t'acquittes
En cultivant tes fublimes talens.
Mais à leur vif éclat joins un peu plus d'audace ;
Toute la nation a droit à tes travaux ;
Dans les fociétés ta grandeur t'embarraffe :
Si toujours l'Univers a fouffert tant de maux,
C'eft que les vrais talens n'étoient point à leur
　　　　　　　　　　　　　　　　　　　place.
Dans les plaines de l'air voit-on jamais voler
L'aigle altiere au milieu des timides fauvettes ?
　　Voit-on jamais le lion fe mêler

Aux timides agneaux ; comme eux fe raffembler
    Au fon des champêtres mufettes,
  Et s'oublier pour leur mieux reffembler ?
    Que par toi la nature eft belle !
On fent en t'écoutant fon être s'agrandir :
Ah ! dans ton art divin, bien plus fçavante qu'elle,
Elle nous fit un cœur, tu nous en fais jouir.
Pour toi coulent nos pleurs : ces élans pathétiques
    Comme toi l'emportent fur tout :
    Une larme du Dieu du Goût
    Vaut mieux que cent panégyriques.
Mais l'admiration ne vaut pas le bonheur,
    Pour un fils du tendre Epicure :
Ton art eft pour le cœur, ton cœur pour la nature;
Ah ! fais de nos plaifirs ta feconde grandeur.
  Pour m'attacher à jamais fur tes traces,
    Cypris m'infpire un projet à fon tour :
    Je veux bâtir un temple aux Graces;
Mon cœur fera l'autel, & ton prêtre l'Amour.
D'un feul de tes regards viens embellir ta cour.
Le tartuffe odieux, la prude ridicule
N'approcheront jamais de ce riant féjour :
Le voile du myftere, ennemi du grand jour,
N'admettra dans ces lieux qu'un charmant cré-
                                            pufcule ;
Emblème ingénieux ! dans ce féjour divin,
  A chaque inftant le defir veut éclorre :
Sans ceffe le plaifir doit être à fon aurore,
  Et la beauté doit être à fon matin.

Viens l'honorer de ta préfence :

Que tardes-tu ? Non : tu ne comprends pas

Ce que font fouffrir les combats

De la crainte & de l'efpérance.

Pour le malheur des cœurs voués à la conftance,

Le ciel ne fit point tes appas :

Et lorfque tu lui dois tant de reconnoiffance,

Ne défend-il qu'à nous feuls d'être ingrats ?

Mais le tribut qu'il eft en droit d'attendre,

C'eft nous qu'il a commis pour l'aller recueillir :

C'eft en fon nom que l'amant tendre

Ou demande un baifer ou bien l'ofe ravir.

Envain une beauté févere

Voudroit s'y refufer : le grand légiflateur

A fait du paiement un devoir néceffaire ;

Et veut qu'on traite un objet réfractaire

Comme tout créancier traite fon débiteur.

Ne fonge plus, JULIE, à t'en défendre :

Je ne fçais point ufer avec rigueur

Des droits auxquels le ciel nous permit de prétendre :

J'en fuis, hélas ! moins riche, mais plus tendre ;

Jamais larcin ne doit allarmer la candeur :

En dérobant, toujours ma main fe cache ;

Je fçais trop qu'un bien qu'on arrache

N'enrichit point fon poffeffeur.

Mais auffi tu dois me comprendre :

Refufe-t-on un cœur qui veut tout nous devoir ?

Si je renonce aux doux plaifir de prendre,

C'eſt pour mieux mériter celui de recevoir.

Vas : ne crains point le ſort de la triſte Her-
mionne !

Pour toi tout eſt Oreſte : on t'aime, on s'abandonne
À la gloire de te chérir,
Et d'ailleurs tu ſçais bien, fripponne,
Qu'une beauté qui veut tout aſſervir,
Permet peu, mais toujours pardonne.

Adieu, JULIE : enfin mes ſens ſont acquittés :
Et mon cœur t'a payé le tribut de ſes flammes ;
Je n'ai dit que le vrai. Qu'il eſt bien peu de fem-
mes

Qui puiſſent ſoutenir ainſi leurs vérités !

E N V O I.

Je ne ſignerai point : ſi quelqu'un ſur tes traces
Paroît plus empreſſé ; ce quelqu'un-là, c'eſt moi ;
Sur un billet écrit pour toi
Il faudroit le cachet des Graces.
Devine-moi : le feu de mes tranſports
Doit me nommer, en trahiſſant ma flamme.
Qui mieux que toi le ſçait ? il eſt un tact pour
l'ame,

Comme il en eſt un pour le corps.

✻

VERS
ANACRÉONTIQUES.
A EGLÉ.

Sur le char de Flore
Je vole à Paphos :
L'Eglé que j'adore
Va finir mes maux ;
Déja je contemple
Ce féjour heureux :
Entré-je en fon temple ?
Suis-je dans les cieux ?
Quelle douce ivreffe
Dans ces lieux charmans,
Enchante mes fens !
L'aimable tendreffe
Captive mon cœur.
Au fein du délire
Que l'Amour infpire,
Soumis au vainqueur
De qui la puiffance
Fait tout fon plaifir,
Il met fon defir,
Par reconnoiffance,
A fixer fa foi,

A ſubir la loi,
Sous le joug propice
De la déïté,
Qui pour ſacrifice
Veut ſa liberté.
Quels feux je ſens naître ?
Moment précieux,
Fais que pour renaître
J'expire à ſes yeux.
Je vois ſur ſes traces
Voler les deſirs :
J'entends les plaiſirs
Célébrer les graces.
Dans ces doux concerts
Mon être ſe pâme :
Je ſens que mon ame
Se charge de fers.
Amour qui m'entraînes,
Pour combler mes vœux,
Reſſerre les nœuds
De mes tendres chaînes.
Mes vœux ſont remplis,
Mon ivreſſe augmente,
Ici tout m'enchante . . .
Mes yeux éblouis
Perdant la lumiere
Du jour qui les fuit,
Nagent dans la nuit
Du tendre myſtere . . . .

Dans ses bras je meurs . . . .
Les Nymphes m'entourent,
Les Plaisirs accourent
Me couvrir de fleurs . . . .
C'est trop tôt renaître,
Revenez, desirs :
Amour, prends mon être,
Rends-moi mes plaisirs.

VERS

A MONSIEUR

DE SOMPSOIS,

Sur le Tableau fait par lui, où Madame son Epouse & lui sont peints ensemble.

En ce moment je viens d'entendre
Auprès de moi se disputer deux Dieux :
Ah ! quel joli débat, mais comment vous le ren-
                                        dre ?
Je vais le dire de mon mieux.
En voyant ce Tableau le Dieu du Goût l'observe,
Et dit en y fixant aussi-tôt ses regards :
Vîte, qu'on me le porte au Temple des beaux Arts,
C'est le favori de Minerve.

K ij

Non pas, dit l'Amour, s'il vous plaît :
Je prétends qu'on le porte au temple de Cythere ;
Je le reconnois trait pour trait :
C'est un des Tableaux de ma mere.
Charmant SOMPSOIS, ce débat peu commun
Est décidé par moi sans flatterie :
Laisse chez toi ce fruit de ton génie ;
Ton séjour n'est-il pas ces deux Temples dans un.

VERS

A MADEMOISELLE

H * * *

Pour la prier de lire un Manuscrit.

Vous, que Vénus en vous formant,
Regardoit avec complaisance :
Chef-d'œuvre heureux de sa puissance,
Qui de sa cour est l'ornement ;
Tyran des cœurs, fille des Graces,
Qui par un charme séducteur,
Toujours voyez dessus vos traces
Voler un peuple adorateur ;
Divine Iris, de mon hommage
Agréez la simplicité :
Les Dieux seuls parlent le langage

Qui convient à votre beauté.
Je n'irai point en téméraire
Oser vous louer dans mes chants :
Le mérite de mon encens
Aujourd'hui fera de me taire.
Pour offrande, fur votre autel
J'ofe préfenter un ouvrage ;
Vous plaire me feroit un gage,
Qu'il mérite d'être immortel.
Daignez avec quelque indulgence
Protéger ce cher nouveau-né ;
Qu'il doive à votre bienveillance
La gloire d'être fortuné.
Rayez ce que mon inertie
Lui donna de moins gracieux :
Quelques regards de vos beaux yeux
Le vengeront de mon génie.
Dans l'art de captiver les cœurs,
Amour, Iris, fut votre maître :
Il vous donna fes traits vainqueurs,
Vous n'en ufez que trop peut-être.
Que de cœurs par vous font bleffés !
Sans pitié vos traits nous déchirent :
Pour un feul que vous guériffez,
Combien de milliers qui foupirent !
Ces charmes fi fûrs de leurs coups,
Répandez-les dans mon ouvrage :
Prêtez-lui ce tendre langage
Q'Amour lui-même apprend de vous.

S'il plaît au juge difficile
Qui, composé de nos rivaux,
Et trop souvent notre Zoïle,
Fixe le prix de nos travaux;
L'Envie elle-même confuse,
Dira pour votre gloire un jour :
Il fut composé pour l'Amour,
Et corrigé par une Muse.

MADRIGAUX,

Faits sous les berceaux de Sapho.

I.

Ces deux berceaux font un temple facré;
    Et chaque banc en eft un trône.
Où des fleurs de l'Amour, l'Amitié fe couronne;
Ici le fentiment eft par nous adoré,
    La vérité fut une fable
Dans le temple de plus d'une Divinité :
    Et dans ce féjour délectable
    La fable devient vérité.

II.

Ici dans ce beau mois où renaît la nature,
Sous les yeux de Sapho j'ai reçu l'Esprit-Saint :

Des traits d'une volupté pure
J'ai senti tout mon cœur atteint.
Foi , Charité , tendre Amour , Espérance ,
Qu'il m'a donné de biens dans un seul don !
Combien j'ai de reconnoissance ,
Mais me donnera-t-il son ombombration ?

I I I.

Ce matin Sapho dans ces lieux
Dit aux Amours : Venez , enfans sideles ,
Venez voir sous mes pas naître des fleurs nouvel-
les ,
Et dignes du serrail des Dieux.
L'Amour se tient dans un coin & n'en bouge :
Mais il lui dit, en tenant son flambeau :
Des fleurs, cela ! non, c'est un pot de rouge :
Donnez-le moi, Sapho ; je réponds du pinceau.

K iv

BOUQUET

AU NOM DE MADAME DE * * *,

*A MONSIEUR * * *.*

Que vous donner, cher Damon, en ce jour ?
Des fleurs : un seul matin les voit mourir & naître ;
   Puis le péril : en rose, en lys peut-être
     Se métamorphose l'Amour.
Mon cœur ; c'est un peu trop : dans la main de
           quelqu'autre
Un cœur trop tendre est toujours en danger.
   On l'enchaîne, on veut l'engager :
Comment vivre sans cœur ? . . . Peut-être que du
           vôtre
En échange du mien il faudroit me charger :
Vivant, pensant par vous. . . . Gardons chacun le
           nôtre :
   Le vôtre mien feroit, je crois, léger ;
Le vrai mien est trop tendre, il le faut ménager.
Que vous offrir ? Je veux vous donner quelque
           chose.

   Un baiser, Damon, c'est beaucoup :
   L'Amour est bien dans une rose.
S'il étoit sur ma bouche, il feroit un beau coup.
Il feroit dans vos yeux, toujours il y repose ;

Mais d'Argus il a le fommeil :
Un baifer fait du bruit, & fouvent il expofe
A ce qui fuit de ce Dieu le réveil.
Vous donner des fouhaits, c'eft bien peu. La na-
ture
A pris plaifir à vous former :
Tout plaît en vous, l'efprit, le cœur & la figure ;
Votre défaut eft de vouloir m'aimer.
Vous ne foupçonniez pas être par-là coupable :
Mais vos défauts pour d'autres font vertus ;
Et quand on a vos attributs,
Tout jufqu'aux défauts eft aimable.
Venez me voir pour me déterminer :
La préfence toujours infpire,
La préfence eft un bien pour un cœur qui defire ;
Je réfoudrai que vous donner.
Peut-être le baifer.... Mais il faut vous défendre
De laiffer l'Amour avec vous.
L'Amour eft un enfant jaloux ;
Et ce baifer fa fœur pour foi le voudroit prendre :
Ils fe difputeroient, ils le feroient fçavoir :
Un bouquet eft charmant dans la main du myf-
tere ;
L'Amour iroit en informer fa mere,
Peut-être auroit-il quelque efpoir....
Il eft un Dieu ; borne-t-on fon pouvoir ?
C'eft un enfant ; fçait-il fe taire ?

A UNE DAME,

Qui demandoit un Inpromptu sur son réveil, & sur son sommeil.

Gagne-t-on à votre sommeil ?
Qu'en pourrois-je dire qui vaille ?
On s'endort à votre réveil :
J'en voudrois parler, mais je bâille.

SUR UN DISEUR DE BONS MOTS.

Dans vos bons mots, personnage maudit,
Vous vous croyez toutes choses permises :
     Vous m'ennuyez par votre esprit ;
     Jugez ce que font vos sottises.

SUR UN BAISER.

Par un de mes baisers, la divine Isabelle,
     Hier parut se sentir embraser,
     De soupirer, puis de me caresser ;
J'ai réfléchi : que me vouloit la belle ?
     Fille qui reçoit un baiser,
     Donne-t-elle ou demande-t-elle ?

VERS

A SON ALTESSE SÉRÉNISSIME

MONSEIGNEUR LE PRINCE

DE CONDÉ,

A son retour de l'Armée.

PRINCE, les Dieux vous servent tour-à-tour :
Mars des mains de Vénus reçut votre couronne ;
Vous avez fait du bandeau de l'Amour
Un drapeau que la Gloire a remis à Bellonne.

Que sur nos ennemis votre tonnerre gronde ;
  Prenez, comptez les Places par les cœurs,
Il vous faudra bientôt créer un autre monde.
Vos yeux, vos mains n'ont que des traits vainqueurs :

  PRINCE, du moins prenez quelque repos :
Comment un jour pourroit vous suivre la Victoire,
  Si pour tracer les faits de son héros
Son aîle doit fournir des plumes à l'Histoire.

V E R S

A U N P E I N T R E,

Sur le Portrait de SAPHO.

L'oses-tu, Peintre heureux, d'un objet adora-
ble,
Accepter le défi de mon cœur enflammé ?
Tu me peins comme il eſt aimable :
Il me peint comme il eſt aimé.

LE TABLEAU.
V E R S

A M A D A M E D E . . . . . .

Le tendre Amour, qui m'apprend ſon langage,
En mon nom d'un Tableau vouloit vous faire
hommage :
Les Graces avoient tour-à-tour
Rendu d'une légere touche
Tout l'enſemble dés traits, les charmes de la bou-
che ;
Le reſte étoit réſervé pour l'Amour.
Déja pour ſatisfaire à mon impatience,

Flore, Hébé broyoient les couleurs.
Le chœur divin des doctes sœurs,
Donnoit un plan digne de leur science :
Vénus régloit la reffemblance
De l'ineftimable Tableau ;
Guidé par le refpect, je reçus le pinceau
Des mains de la Reconnoiffance.
Amour dicta ces vers pour les écrire au bas.
    » Vénus vous donna tous fes charmes :
    » Vous ignoriez leurs appas
    » Sans l'éloquence de nos larmes.
    » Minerve vous forma le cœur :
  » Elle y mêla la fierté, la douceur,
  » Et l'enjouement, & l'aimable fageffe,
  » Et la pudeur, & l'aimable tendreffe.

On crut avec des foins avoir bien réuffi :
Vain efpoir ! chaque Dieu reconnut fa méprife ;
Il eft ainfi par fiecle un objet favori
Pour qui la nature s'épuife.
Le feul récit de nos effais
Nous dédommagera peut-être :
A nos defirs, mieux encor qu'à ces traits.
Qui ne doit pas vous reconnoître,
Aimable..... ? Mais réprimons notre ardeur :
Un fentiment plus délicat me touche ;
Quand même ce beau nom feroit bien dans ma
                    bouche,
Il eft encor mieux dans mon cœur.

LA COQUILLE.
BOUQUET
A THÉMIRE.

Ivre du beau feu qui m'infpire
J'ai volé ce matin au temple de l'Amour :
J'allois parler : le Dieu maître de ce féjour
    Me prévint par un doux fourire ;
Tu viens me demander un bouquet pour Thémire:
Il eft prêt, & ce don eft du choix de ma cour.
Reçois cette coquille : elle offrira peut-être
Des attributs charmans, curieux à connoître.

C'eft l'image du char fur lequel en naiffant
    Vénus fe promena fur l'onde ,
    Quand d'un regard vainqueur du monde
Elle éclipfa le foleil pâliffant.

Cette coquille encor me fert pour la peinture :
    J'y broye & mêle mes couleurs.
    Quand mon pinceau pour les Graces mes fœurs
Deffine les plaifirs de la belle nature.
C'eft dans une coquille auffi que pour le Dieux
    Vénus prépare l'ambroifie
Et le nectar charmant, qu'aux mortels trop heu-
                reux ,

Mon pouvoir filtre & qui les déïfie.
Vole : dans toi la nature eft fans art :
 Porte ma conque à cette belle ;
 Ah ! qui peut mieux mériter qu'elle
 Le char, le pinceau, le nectar ?

ENVOI.

Ah ! rendez cette fête, & la mienne & la vôtre,
Thémire : c'eft le mot de l'énigme du jour :
 Quand on reçoit quelque rien de l'Amour,
On ne dit plus le mien, on dit toujours le nôtre.

MADRIGAL.

Sur le fein de Vénus ces fleurs ont pris naiffance :
Les pleurs de vos amans leur ont donné le jour ;
 C'eft un préfent de mon amour ;
 Que n'en eft-ce un de ma reconnoiffance !

A SYLVIE.

Quand je vous vis au temple de Thalie,
 J'entendis douter plus d'un cœur,
 Si vous étiez, belle Sylvie,
 Le fpectacle ou le fpectateur.

A SAPHO.
VERS

Ecrits sur la poussiere.

Toi seule, dois toujours me plaire :
Et tant de biens, qu'on vante sans raison,
Ne valent pas, SAPHO, cette poussiere
Où l'Amour a gravé ton nom.

A LA MÊME.

Puissent Vénus & l'Amour me confondre
Si je manque à notre union :
Mais, SAPHO, quand l'Amour de moi daigne
répondre,
Que risquez-vous d'être ma caution ?

RÉPONSE DE SAPHO.

De mon ami la tendresse m'est chere,
Auprès de lui j'ai le souverain bien :
Tout l'univers pour moi n'est que poussiere ;
Et mon cœur me répond du sien.

A

A SAPHO.

Le doute, ma Sapho, cesse d'être un affront,
D'un tendre Amour quand il est le murmure :
Vous répondez de moi, que votre cœur est bon !
La caution sera-t-elle aussi sûre,
Que celui dont elle répond ?

VERS

A UNE JOLIE DANSEUSE,

Sur ses sabots.

Folatrez, belle Sabotiere,
Enchaînez les Ris sur vos pas ;
Mais, cruelle, n'oubliez pas
Que toujours la vertu premiere
Des cœurs tendres & délicats,
Est de n'insulter point à la triste misere
Des malheureux condamnés au trépas.
Quand vous dansez quelqu'Allemande
Au son de vos bruyans sabots,
Et que de la Folie allumant les falots,
Des Amours vous guidez la bande,

Tome II. L

N'oubliez pas d'accorder à nos maux
　　La charité qu'on vous demande.
Malgré votre rigueur le plus tendre intérêt
　　Pour vous fait naître nos allarmes :
　　Un rien nous coûteroit des larmes ;
Si par hazard le fabot s'égaroit !
On pleure très-fouvent d'avoir trop voulu rire :
En perdant fon fabot le pied fe peut blefter ;
　　Ce feroit trop de le perdre, Thémire,
　　C'eft bien aftez de le cafter.

É P I T H A L A M E.

ENFIN pour vous le Dieu de l'Hymenée
Au flambeau de l'Amour allume fon flambeau :
　　Et ce lit que la deftinée
De nos plaifirs rend fouvent le tombeau,
Dans cette heureufe & brillante journée
　　N'en eft pour vous que le berceau.
Ils croîtront ces plaifirs : & bientôt à Cythere,
　　On les verra transformés en Amours,
Badiner, folâtrer fur les pas de leur mere,
Aux Ris, à Mars, aux Arts, confacrer leurs beaux
　　　　　　　　　　　　　　. jours ;
　　Être enfin digne de leur pere.
Charmantes Déïtés qu'un trifte célibat
　　Affervit fous fon joug auftere :

Graces, en ce beau jour l'Hymen plus délicat,
   Vous a ravi cette compagne chere,
A qui votre union dut un si pur éclat.
Mais ce Dieu m'a conduit jusqu'à son sanctuaire,
   Et sa bonté pour mieux vous consoler,
M'a daigné révéler un auguste mystere :
    Par ma bouche il va vous parler :
    « Amour, il te doit naître un frere,
» A dit ce Dieu : Mon pouvoir est vainqueur ;
» Et l'adorable objet, qui doit en être mere,
» Te donnera de plus une Grace pour sœur. »
Et vous, pour qui l'Amour a rendu ses oracles,
Aimable Déïté, la parque & ses cizeaux
    Respecteront des nœuds si beaux :
    Le destin vous doit des miracles.
Vos talens, vos vertus mériteroient ce nom :
    Tout cede à leur douce puissance ;
    Vous faites raisonner l'enfance,
    Et balbutier la raison.
    Préparez, goûtez l'ambroisie :
Vous couronnez l'amant dans un époux chéri ;
    Ce mortel trop digne d'envie,
A Vénus pour maîtresse, & l'Amour pour ami.

LA RELIQUE,
ÉTRENNES

Envoyées le jour des Innocens.

Un tendre objet que l'Amour & ses chaînes
Ont sous vos loix soumis envain,
Desiroit vous donner au nom du Dieu malin,
Quelque petit don pour étrennes.
Tout favorisoit son desir :
Chaque déïté de Cythere,
Entre mille cadeaux lui laissoit à choisir :
Prenez cette pomme si chere,
Lui disoit le Dieu du plaisir ;
J'osai la voler à ma mere :
Heureux qui peut mériter de l'offrir..
Voyez-vous ce tissu de gaze,
Lui dirent trois jeunes beautés :
Quand un couple amoureux s'embrasse,
C'est le rideau des voluptés.
Son voile heureux semble défendre
Tous les trésors, objets d'une amoureuse ardeur :
L'amant qui le souleve est plus vif & plus tendre ;
C'est un doux talisman que l'Amour sçait sus-
pendre
Entre Vénus & la pudeur.
L'Amour me, helas! trop sensible,

Qui vous dit dans ces vers le fecret de fon cœur,
   Alloit céder à ce charme invincible
Du penchant qui devoit affurer fon bonheur.
Elle alloit faire un choix.... Tout-à-coup Vénus
                     même
   S'offre à fes yeux..... & lui dit en pleurant :
Ne t'en fouvient-il plus ? L'ingrat que ton cœur
                     aime
     A mes dons eft indifférent :
     Dieux ! avec quelle complaifance
   J'avois formé ce coupable mortel !
Graces, efprit, talens, mon heureufe puiffance
Avoit tout prodigué..... Qu'il me paroît cruel
    De rougir de ma bienfaifance !
   Garde-toi bien, toi dont l'ardeur
Voudroit de fes tranfports lui donner quelque
               gage,
Garde-toi d'implorer l'Amour & fa douceur ;
A moi-même, à mon fils ce feroit un outrage.
   A ce difcours, celle qui vous écrit
   S'eft rappellé qu'en certains lieux myftiques
Elle avoit en dépôt une de ces reliques
    Que Rome & nous vend & bénit.
    Elle a quitté l'Ifle charmante
Où l'Amour dans fes dons fe plaît à varier.
  Tous les plaifirs d'une ame qu'il enchante,
    Pour auffi-tôt vous envoyer,
    Et la Relique & la Patente
Qui de fa vérité peut vous certifier.
               L iij

Que ce don ferve au moins à foulager fes peines:

  Votre Sainteté l'agréera;

Et par le choix du jour cet envoi deviendra

  Votre bouquet & vos étrennes.

 Mais admirez comme en faisant la loi,

 Le hazard même a fervi la nature!

 Cette Relique eft de Bonaventure,

Saint, très-fanctifié; le papier en fait foi.

Mais cependant fon nom a ce je ne fçais quoi

 Qui rime bien à la tendre aventure.

  Voyez comme l'efprit malin

  Aime à fe jouer de la grace!

  Que feroit-ce fi le lutin

 Avec fon air enchanteur & mutin,

 Venoit plaifanter fur la châffe

Que l'on pourroit offrir à ce morceau divin.

  Si par hazard fon art magique

  Devinoit que c'eft la colique

  Qui vous a rendu fi dévot:

 Il vous diroit: Placez cette Relique,

 Sur cet endroit qui vous met en défaut.

 Que ce feroit un tour bien agréable,

Si guériffant un mal dont tout Paphos vous plaint,

  On voyoit profiter le diable

 Du grand miracle opéré par un Saint!

  Mais quel incident plus aimable,

 Si l'Amour jaloux de fuccès

Avoit fubftitué pour fervir fes projets

  Quelqu'enchantement favorable

Au refte inanimé des Saints que Rome a faits.
Tremblez, mon cher béat : fi par cette impofture
 Le Saint devenoit tout-à-coup
 Une Sainte Bonaventure ;
Vous changeriez & de cœur & de goût.
 Bientôt une tendre neuvaine
 Exerceroit vos oraifons :
 Quelque belle Samaritaine
D'amour encor recevroit vos leçons.
 Eh ! qu'importeroit femme ou vierge ?
Le Paradis par elle enfin pourroit s'ouvrir :
 L'Amour allumeroit le cierge
 Qu'en pareil cas on doit offrir.
 Pour hâter cette heureufe cure,
 Retenez mon tendre *Oremus*,
 Qu'a gravé l'aimable Vénus
 Dans le temple de la Nature.
» Grand Saint Bonaventure, & le jour & la nuit
 » Accordez-moi de tendres incartades :
  » La nature fait les malades,
  » Mais le doux plaifir les guérit. »

MADRIGAL.

SAPHO, vos yeux exercent leur puissance
Sur mon cœur & sur ma raison :
Mais je n'en suis pas moins sensible à leur souf-
france ;
Je crains autant cette vengeance
Que je craindrois leur guérison.

ÉTRENNES.

L'ANNEAU.

ANACRÉON, ce favori des belles,
Qui par leurs mains couronnoit tour-à-tour,
Le Dieu du vin, le Dieu d'Amour ;

SAPHO, la honte des cruelles,
Sapho qui n'eut un cœur que pour en faire un don,
Et dont l'Amour fut l'Apollon ;

OVIDE enfin, dont la lyre divine
Célébra si bien l'art d'aimer ,
Qui sur le sein brûlant de sa Corinne
Dut à l'art de sentir celui de s'exprimer :
A l'aimable objet de leur flamme
Offroient pour étrennes des vers :

Comme eux je prouverai les tranfports de mon
ame;
Autant qu'eux je chéris mes fers.

Un autre t'offriroit peut-être
De ces bijoux achetés à grand prix :
Foibles hochets, idoles trop chéris
De l'imprudent & léger petit-Maître ;
Mais tous ces biens étrangers à notre être,
Du tendre Amour valent-ils un fouri ?
Un lourd Midas, dont l'exiftence immonde
N'eftime rien, que le droit odieux
De traîner en foufflant fa panfe large & ronde,
Vers le long tapis où l'or brille à fes yeux,
Prodigue ces rubis, & ces dons précieux
Payés des pleurs de notre monde.
Pour tout préfent l'Amour te donne un cœur :
Ses fentimens font fes offrandes ;
Il a pour chaînes des guirlandes,
Pour éloge un foupir, pour bouquet une fleur.
Que font à tes yeux les richeffes ?
Tu quitteras toujours le temple de Plutus,
Pour un bofquet, où le fils de Vénus
Prodigue les tréfors de fes douces careffes.
Tout autre don infenfible & muet,
Ne diroit rien fans moi de mon amour fidele :
Celui-ci jamais ne fe tait.
Il parle pendant mon abfence,
Tu crois m'entendre interroger ton cœur :

Il échauffe ton ame, il te rend ma préfence;
Il me prête peut-être un charme féducteur.

Foible gage de ma tendreffe,
Un anneau de mes vers fignale le tribut :
Le jeu de bague exige de l'adreffe ;
Tu fçais quel eft fon attribut,
Et c'eft par-là qu'il intéreffe.
Mais fi les amans chaque jour
Difent : Amour pour amour ;
O toi qui fçais en tout charmer & plaire,
Invente un proverbe nouveau,
Que tous les cœurs adoptent à Cythere ;
Et qu'on dife : Anneau pour anneau.

VERS

A M. . . . . . .

*Qui m'avoit prêté une canne fans me
connoître.*

JE vais vous étonner peut-être :
Un inconnu vous écrire un billet !
Mais écoutez : je fuis celui dont votre prêt
Aïda les pas, en foutenant fon être :
Convenez-en, c'eft très-bien fe connoître,
Alors qu'on fe connoît tous deux par un bienfait.

Je danſois ſous les yeux de l'aimable Thémire:
Je m'enivrois ſans m'en appercevoir ;
Et bientôt au ſein du délire,
En tombant je ceſſai de voir.
La chûte fut moins douloureuſe
Que le regret de perdre le bonheur
De fixer ma vue amoureuſe
Sur cet objet toujours vainqueur.
Je ſuis aveugle, & c'eſt faire l'éloge
De mon goût & de ma raiſon :
On doit aux Quinze-Vingt me donner une loge ;
Vous m'avez fourni le bâton.

Ah ! pour prix de votre ſervice,
Faſſe le Dieu qui lance tant de traits,
Que toujours ſon flambeau propice
Dans les ſentiers les plus ſecrets
Vous guide nuit & jour loin de tout précipice :
Que les faux pas d'une beauté novice
Comblent vos vœux les plus diſcrets ;
Puiſſiez-vous, adroit par malice,
En être toujours cauſe, & n'en faire jamais.

Mais ſi par vengeance, avec elle,
La fripponne vous entraînoit,
Si votre ſein alors preſſoit la fleur nouvelle,
Dont avant ce moment le ſien ſe couronnoit :
Ah ! pour vous ſoutenir dans cette chûte aimable,
Qu'Amour encor vous prête ſon flambeau ;
Ou que Vénus en un moment ſi beau

Vous arme de fon fceptre & vous foit favorable.

 Mais fi pour trop vous appuyer

 Au plus haut point de votre gloire,

 Le fceptre venoit à plier,

 Qu'Amour daignant vous étayer,

 Renouvelle votre victoire:

 Que dans cet accident nouveau

 Le Dieu vous foit toujours propice;

 Qu'il rallume alors le flambeau,

 Que le fceptre fe raffermiffe.

Ayez toujours pour vous ou Vénus ou l'Amour:

 Sans eux point de bonheur fuprême;

Et puiffiez-vous plufieurs fois en un jour,

Tomber, vous foutenir, vous relever de même.

V E R S

A MADEMOISELLE....

En lui envoyant mon Poëme fur le Génie.

J'ai célébré nos Sens & leur délire:

Je chante le Génie & fes auguftes loix;

 Des accens qu'Apollon m'infpire

 Je vous fais hommage par choix.

Eglé, vous dont l'exemple eft fi charmant à fuivre,

Puiffiez-vous en lifant cet ouvrage nouveau

Partager les tranfports dont un Dieu nous enivre!

Le monde entier m'en offrit le tableau :
    Il fut, il eſt mon premier livre.

J'en connois un dont je tairai le nom :
    Livre ſacré, que d'un ſourire
Le tendre Amour diſpute à la raiſon.
Heureux celui que ce Dieu trop frippon
    Dans le vôtre voudroit inſcrire :
Mais plus heureux le tendre Anacréon
    A qui vous permettrez d'y lire.

VERS

A MADAME....

Sur ſon voyage vers ſa famille.

ARRACHEZ-VOUS à ces embraſſemens
    Où la nature triomphante
Vous prodigue, Sapho, ſes biens les plus charmans :
    Mon Epître eſt intéreſſante,
    Accordez-lui quelques momens ;
Vos plaiſirs vous ſont chers : hélas ! je les ſuſpens ;
    Mais pardonnez, ma Sapho, je les chante.

Ainſi toujours vous êtes étonnante :
    Vous ne donnez rien au hazard !
    Et la vertu la plus touchante
Vous voit toujours ſuivre ſon étendart ;
Dans votre ſexe enfin, ô femme ſurprenante,

Vous formez une claſſe à part.
Tandis que l'indécence altiere
Sur le char radieux de la frivolité,
D'un ſpectacle brillant, d'un éclat emprunté,
   A *Longchamp* ouvrit la carriere,
   Et promenant la vanité,
Sous les pas des courſiers fit rétentir la terre
   Du bruit de ſa vénalité ;
Seule avec vos vertus, loin d'un monde folâtre,
   Vous trouviez en vous le bonheur.
   Qu'importe à la ſage candeur,
   Si de quelque *Antoine* idolâtre
   La lâche & ſervile fureur
   Près du char de ſa Cléopatre
S'enchaîne, fuit la gloire, & vole au deshonneur ?
Votre Chartreuſe alors étoit votre théâtre ;
   La ſcene étoit dans votre cœur.
J'irai, vous diſiez-vous, je verrai ce que j'aime :
   Je ſçaurai contenter mon feu.
Ah ! quand on aime bien, écrire c'eſt trop peu :
Qu'on eſt avec plaiſir ſon courier à ſoi-même !
Votre cœur vous devance..... il eſt déja parti :
   Il vole, il cede à ſon impatience ;
   Déja *Longchamp* eſt en oubli ;
Ces plaiſirs qu'a goûté la coupable impudence,
   Ils ne ſont plus : & le vôtre commence,
   Femme ſenſée, où les ſiens ont fini.

   Venez recevoir votre fille,
   Couple heureux, volez dans ſes bras :

Voyez fes'yeux ; le fentiment y brille,
Ce fentiment, plaifir des cœurs nés délicats.
    Raffemblez-vous, refpectable famille,
    Dans vos baifers que votre ardeur pétille :
    Le cœur les donne, & ne les compte pas.

    O ma Sapho, dans ce monde profane,
De la jeune Laïs ils ont vanté le cœur :
    La flatterie & fon impur organe,
    Prodigue ainfi fon encens impofteur.
        Qu'il fut bien payé ce beau zele
Par la pompe & le bruit d'une fimple action !
L'amour-propre toujours à lui-même fidele,
Satisfit par l'éclat fon oftentation.
Laïs fut charitable, il fe peut qu'une belle
        Ait l'efprit faux & le cœur bon :
Charitable! ah! Sapho, parlons fans paffion ;
        Son Midas le fut avant elle.
    Pour qu'un bienfait à mes yeux ait un prix,
        J'aime que mon cœur le raifonne :
J'en cherche le principe, & bientôt je rougis,
        Si le bien que la vertu donne
        Par le crime avant fut acquis.

    O ma Sapho, l'Héroïne modefte
        Dont le mérite fuit les yeux,
        Qui jouit d'une ame célefte
Sans ce fafte, hochet de tout être orgueilleux ;
    Voilà l'objet pour qui mon ame penfe :
    L'enthoufiafme éleve mes efprits.

Elle se cache envain : je lui fais violence :
    Je la cherche, je la trahis ;
    Sur son front siege l'innocence,
  Et ses vertus sont autant de rubis,
Dont l'éclat fait briller à mes yeux éblouis
    Un genre de magnificence,
Que n'ont jamais connu sous leurs riches lambris
Le despotisme altier, & l'épaisse opulence.

  Et cet objet que célébrent mes vers,
O ma Sapho, c'est vous, vous de qui l'existence
    Honore à mes yeux l'univers :
    A mon siecle en votre présence,
Je pardonne ses tons, ses vertus, ses travers.

Si ce pere chéri, Sapho, vous interroge
Sur l'auteur dont l'esprit vous consacre ces chants,
Dites-lui que par vous son cœur, à vingt-cinq ans,
Transporte à l'amitié les droits qu'amour s'arroge ;
Que ses vertus pour vous sont encore un éloge.
Si votre aimable mere écoute avec plaisir,
  Ces vérités dont je vous fais hommage :
    Faites, Sapho, que je partage
  Votre bonheur au lieu de m'applaudir.
  Daigne, Sapho, cette mere si tendre,
    Ce modele heureux de vertu,
    Pour charmer un cœur ingénu,
Placer sur votre front un baiser à me rendre.

FIN DU LIVRE TROISIEME.

VARIÉTÉS

ŒUVRES MÊLÉES.

LIVRE QUATRIEME.

VARIÉTÉS LITTÉRAIRES.

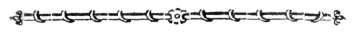

ESSAI SUR L'ÉDUCATION.

A CEUX QUI SAVENT ENTENDRE.

Entendons - nous.

Dès qu'un grand homme a dit un bon mot, chacun se fait gloire de le répéter ; le malheur est que personne n'en profite. Depuis un demi-siecle la fureur des projets est devenue une maladie épidémique ; on raisonne, on discute, on propose, on se réfute, on s'égare. Eh ! Messieurs, entendons-nous : encore une fois, entendons-nous. Spéculateurs visionnaires, avant d'établir des systêmes & des calculs nouveaux ; ôtez donc la souris qui s'est logée près du verre de votre lunette d'approche ? Ce monde d'Ecrivains, qui n'est qu'un sénat d'aveugles, se croit une chambre basse destinée à soutenir les intérêts des citoyens : chacun s'en nomme l'Orateur. Les miopes y détaillent des objets qu'ils ont à peine entrevus ; ce mélange confus d'avis qui se combattent, & de voix qui se croisent, forme beaucoup de bruit & pas un son décidé ; on s'interroge sans se répondre ; on se répond sans s'être entendu. Qu'arrive-t-il ? la voix de la vérité ne peut percer. Cet utile *entendons-nous*, dont les oreilles n'admettent point la leçon, n'a pu, quoique si souvent répété, épargner un million d'hommes à l'Europe, conserver leur gloire à des Souverains, venger les citoyens de leurs sangsues, régler les droits des corps médiateurs entre les Monarques & les sujets, soutenir l'honneur des lettres & du vrai goût, établir des principes sûrs d'éducation publique.

Citoyens, ne vous y méprenez pas. Si mon

titre n'annonce qu'un fimple badinage, c'eft
une rufe de mon zele pour le bien public.
Ainfi un Orateur fameux réveilla l'attention du peuple d'Athènes par un conte qui
piqua fa curiofité, tandis que les leçons poli-
tiques de l'Orateur public endormoient fes
imaginations.

Si j'euffe intitulé mon ouvrage, *Nouveau*
fyftème d'éducation publique, on l'eût dédaigné
fans l'avoir lu. Le titre eft maintenant aux
ouvrages ce que l'habit eft à tant d'hommes.
Il fut un temps qui n'eft pas fi éloigné, où
l'on fit la guerre aux perfonnes à caufe de
leur habit; on fait le procès aux ouvrages
fur leurs titres. Peuple aimable, mais trop
frivole, vous vous faites un jeu de ce qui
devroit faire votre étude. Ces feuilles fur
lefquelles les Prêtreffes de Cumes écrivoient
leurs oracles, ne font pas plus le jouet des
vents que les fentimens légers qui vous partagent fur les objets les plus importans. Le
charme d'un vaudeville qui vous venge, le
pouvoir des préjugés qui vous abufent, voilà
vos tyrans. Vous laiffez à une claffe d'hommes que vous ridiculifez le foin ftérile de
difcuter les principes les plus facrés; la
variété de leurs opinions excite vos farcafmes. Vous vous en amufez, quand vous
devriez les juger. Le fyftême de l'éducation,

cet objet ſi grave, ſi digne de toute attention, pourquoi l'abandonnez - vous à des
Sophiſtes qui l'embrouillent, à des Pédans
qui le profanent?

Dans les différentes opinions qui partagent les ſentimens des hommes, il ne s'agit
ſouvent que de pouvoir s'entendre, & quelquefois de le vouloir. Dans preſque toutes
les diſputes, chaque parti commence par
tirer ſes conſéquences, hazarde quelques
principes, & ſe contente de promettre les
preuves. Voici un fait qui en ſera une de
ce que j'avance.

Un eſſain d'abeilles avoit depuis long-
temps établi ſon ſéjour dans un lieu dont
le ſol fécond leur offroit le butin de mille
fleurs que chaque jour faiſoit éclorre. Tous
les habitans de ce lieu jouiſſoient des fruits
de leurs travaux. La cire la plus parfaite &
le miel le plus exquis enrichiſſoient tous
ceux qui contribuoient au moins de quelques fleurs aux beſoins de la petite république. Près de la ſource qui ſerpentoit
parmi l'émail de leurs tréſors, s'étoit logé
un crapeau envieux, & cela ſuppoſe calom-
niateur. Il répandit dans tout le pays, que
les abeilles, au lieu d'extraire le ſuc de la
roſe & de l'œillet, cherchoient les herbes
les plus venimeuſes; que bientôt leur miel

ne feroit qu'un poifon, dont les terribles effets puniroient l'imprudence de ceux qui, malgré fes avis, s'obftineroient à en goûter. La conjuration fut générale : les cris des conjurés furent fi bruyans, qu'on n'entendit que la voix des conjurateurs, & point celle des accufés. Les bienfaictrices de ces ingrats emporterent avec elles en fuyant leurs talens d'enrichir, & les fruits de leurs bienfaits. Il ne refta de ce qui leur avoit appartenu que l'ofier & les petites cellules qu'elles avoient habitées. Des frélons s'en emparerent : ils furent les feuls à y gagner. Ils fe nourrirent de la cire qu'avoient amaffé les véritables propriétaires ; mais ne donnerent point de miel. Ils furent ignorans & riches, c'eft-à-dire, qu'avec le plus grand droit à être pauvres, ils n'eurent que celui d'être pareffeux.

Tout le mal étoit réparé, fi l'on fe fût entendu. Il falloit arracher les mauvaifes herbes, admettre les abeilles à l'épreuve de leur miel ; les naturaliftes auroient jugé. On pouvoit leur faire une loi de l'examen ordonné ; c'étoit les mettre dans le cas de s'accufer elles-mêmes, fi elles euffent refufé cette loi.

La ciguë eft une herbe qui donne la mort : qu'on n'en laiffe aucune tige fur terre, dit un homme. Arrêtez, lui répond un fage. Je fçais la préparer ; j'en ferai un reméde falutaire. Elle deviendra pour certaines maladies le principe de la fanté. On pourroit admettre en morale le même axiome qu'en chymie. Tous les corps n'ont qu'un même principe. Les feules modifications conftituént le bien & le mal. Dans tout fyftême prudent, dans tout établiffement utile, dans toute découverte fçavante, c'eft en décompofant qu'on parvient à compofer. Ajoutons à ces vérités une autre vérité remarquable ; c'eft que de deux légiflateurs, dont l'un fait pendre les malfaicteurs, & dont l'autre les met non-feulement dans l'impoffibilité de nuire, mais encore dans la néceffité d'être utiles, l'un n'eft qu'un homme puiffant à qui il fuffit d'un bourreau, l'autre eft un fage qui joint les lumieres au pouvoir.

O vous à qui j'écris, citoyens, que l'amour du vrai guide & éclaire, n'attendez pas de moi que je parcoure tous les états ; que j'y développe ce cahos d'intrigues ou d'abus qu'enfante le défaut de ces réflexions utiles qui fixeroient nos vertus, nos defirs, nos biens & nos rangs.

Il eft des vérités dangereufes pour leurs auteurs. Les oreilles de bien des hommes font affez femblables aux eftomacs difficiles ou ruinés qu'un rien irrite & qui ne digerent qu'avec douleur. Mais il est des sujets dont la discussion offre moins de dangers & plus d'avantages. Celui que je traite est digne de toute l'attention des citoyens. Mais il faut s'entendre, convenir des faits, & toujours simplifier son système.

Une de ces révolutions subites qui change la face des états, qui détruit en un instant les puissances les mieux affermies, avoit terrassé ces hommes célebres avec qui Rome avoit mieux aimé partager sa puissance que de la perdre. Les murs de Port-Royal avoient été renversés par ces précepteurs de l'Europe; les mêmes pierres ont servi à lapider ces hommes puissans. Les écoles désertes, n'offroient plus que de vastes amphithéâtres où l'homme citoyen devoit maudire ces mêmes génies que l'homme léttré ne pouvoit qu'adorer. La jeunesse errante, abandonnée, étoit comme ces roseaux fragiles qui cherchent envain à s'appuyer sur ces chênes orgueilleux que l'effort de l'orage a renversés. Qu'une éclipse générale nous dérobe la clarté du jour, l'homme ne marche qu'en tremblant: ses pas incertains semblent se former au-dessus des précipices. Il supplée à l'astre qui lui manque par des fanaux, dont la lueur trompeuse dissipe

M iv

l'ombre, mais ne rend pas le jour.

Lecteur, *entendons - nous.* Je n'examine point la caufe de ces hommes trop célebres. Il eſt des jours brûlans, où l'aſtre en éclairant répand des influences malignes. L'œil ſain qui jouit du bienfait de ſa lumiere, laiſſe aux hommes publics à diſcuter les cauſes morbifiques, & n'en remercie pas moins le pere du jour qui le conduit. Mais alors naît une thèſe difficile à réſoudre, s'il vaut mieux être aveugle que malade. Pour moi, je tiendrai pour le dernier : il n'eſt point de poiſon qui n'ait ſon antidote, & de maladie qui n'ait ſon reméde. La pierre de touche des talens de l'homme public, c'eſt la ſcience de remédier au mal ſans rien retrancher du bien. Pour couper un bras gangrené, il ne faut que de la main & de la férocité ; pour le guérir par des médicamens, il faut des connoiſſances & du jugement.

Il fut donc reçu pour vérité inconteſtable, que ces aſtres qui éclairoient la jeuneſſe, formeroient ſur notre horiſon des vapeurs peſtilentielles. On les proſcrivit de notre hémiſphère ; mais comme la lumiere eſt un de ces bienfaits ſans laquelle la vie n'eſt rien, on propoſa que chacun fût admis à dire ſon avis ſur les moyens de ſuppléer à la privation volontaire qu'on s'étoit fait un devoir de s'impoſer.

L'hiftoire nous fournit plus d'un exemple que dès qu'un peuple puiffant croyoit avoir à fe plaindre de quelque partie des peuples foumis à fes loix, il la forçoit à chercher des établiffemens dans les pays étrangers à fa domination, & qu'une colonie formée des naturels même du pays, alloit remplacer les rebelles qu'on avoit chaffés. On fit de même après l'exécution des hommes déclarés dangereux qu'on avoit privés des droits de littérateurs, de citoyens & de regnicoles.

Il eft un corps antique, dont le chef marcha jadis à côté de nos Rois. Il fut célebre dans des temps reculés où la pefante érudition, rendit fameux tous ces noms en *us*, dont les énormes commentaires avoient pour but de donner aux auteurs commentés des idées qu'ils n'avoient jamais eues. Tant que la logique d'Ariftote fit les délices & l'étude d'un million de Scoliaftes groffiers & de Gradués faméliques, qui s'égorgeoient pour un *diftinguo*, ce corps nombreux fut comme une mere féconde qui comptoit autant d'enfans qu'il y avoit des gens qui, pour leur malheur, ou pour leurs péchés, connoiffoient le mot de *catégorie*.

Le temps fit abolir bien des prérogatives, que la foibleffe & l'ignorance avoient accor-

dées. Quatre proceſſions & une ceinture violette fut tout ce qui reſta d'une grandeur qui
avoit été juſqu'à faire autorité dans les actes
ſolemnels de la nation. Le temps auſſi rendit les maîtres de ce corps moins infatigables & plus frivoles. On ſe contenta d'expliquer en mauvais François comment on
pourroit arranger des phraſes Latines en
choiſiſſant les tours les plus forcés, & les
mots les plus extraordinaires. Ces anciens
commentateurs avoient laiſſé de vieux guide-
ânes où le texte François étoit à côté du
texte Grec. Ces antiques productions furent
tirées de la pouſſiere des magaſins. Le maître y étudia ſa leçon avant de la répéter à
ſes éleves. Ce peuple d'ignorans fut le peuple choiſi, qui fournit cette colonie nouvelle qui alla dans chaque Province lever
l'étendard du pédantiſme, & faire jurer
ſur Cicéron hommage - lige à cette mere
qu'on dit fille de nos Rois. Elle vante trop
la vigueur & l'antiquité de ſes conſtitutions:
la vieilleſſe produit enfin l'impuiſſance &
le radotage. Les papiers publics ont atteſté
comme un fait authentique, que les enfans
d'un homme, pere à quatre-vingt-dix ans,
étoient nés avec tous les attributs de la vieilleſſe. Les fils de cette mere décrépite ne
prouvent que trop la vérité de cette remar-

que des Naturaliftes. Et voilà ce que tout homme fage qui écrit fur l'éducation devroit s'appliquer à prouver & à combattre.

Quand l'aveu des Magiftrats eut donné le fignal à tant d'auteurs ftériles en fujets, d'écrire fur l'éducation; chacun prit la plume. On voulut être créateur dans un genre où il n'y falloit que réformer & point inventer; chacun fe trompa : ce fut faute de *s'entendre*.

Bientôt on vit entrer en lice cet homme célebre par fes paradoxes, qui ne nous paroiffent peut-être tels, que parce que nos préjugés nous empêchent de les voir des vérités. Ce génie fi refpectable fit un livre fublime & inutile. En l'écrivant, il fit tout pour fa gloire, & rien pour l'humanité. On a reconnu dans fon *Emile* l'Auteur du Difcours fur l'inégalité des conditions. Ce fyftême fi vrai, qui fait encore la bafe des principes établis dans fon *Héloïfe*, n'eft que le rêve d'un bon citoyen. Le fyftême de l'éducation d'*Emile*, & le Projet de paix perpétuelle de l'Abbé de *Saint-Pierre*, font le pendant l'un de l'autre. Où trouver un maître à cet éleve chéri, qu'on veut rendre le moins imparfait des hommes ? Qui fera ce maître vertueux qui ait adopté des principes, que nul homme encore n'a cru poffibles ? Ces

ufages qui ont force de loix , ces coutumes
dont le temps a fait une néceffité , la puiffance des fcélérats & des ambitieux , qui
ont tant d'intérêts à toujours laiffer croire
qu'il eft des hommes plus méchans qu'eux,
laifferont-ils s'établir des principes qui
détruiroient des abus que la foibleffe chérit
& que le crime fe croit néceffaire?

Autant vaudroit-il penfer avec l'Abbé
que je viens de nommer, que des Monarques abfolus dans leurs volontés, & qui
regardent le droit de tout ofer, comme le
plus beau droit du rang fuprême, donne-
ront eux-mêmes des entraves à leur ambition ou à leur vengeance. Tout projet qui
n'eft qu'un fonge brillant de l'imagination,
reffemble affez bien à ces peintures riantes
de ce fiecle d'or qui n'exifta jamais. Mais
comme nos erreurs ne font que trop réel-
les, il ne faut que des fyftêmes poffibles.
Si dans une contrée inhabitée du monde on
tranfportoit une colonie d'enfans à la lifiere,
& que le refpectable citoyen de Genève
voulût être le fondateur de cette nouvelle
fecte de Philofophes, peut-être encore fur
un peuple d'enfans ne formeroit-il qu'avec
peine quelques Emiles? Il a fait trop d'honneur à l'humanité en jugeant d'elle par lui-
même.

En raifonnant toujours d'après le fentiment où je fuis que le maître néceffaire pour
former un Emile, n'eft point un être exif-
tant, & que s'il exiftoit, les parens d'Emile
fe garderoient bien de le choifir, je laifferai
à part toutes les obfervations différentes
qu'exigent les premieres années de l'enfance
de l'homme. L'ouvrage du génie immortel,
auteur du contrat focial, & plufieurs lettres de fon Héloïfe fur l'éducation, fuffi-
ront à ceux qui méritent l'honneur de la
paternité. Je remarquerai feulement que l'é-
ducation particuliere n'a point un feul des
avantages de l'éducation publique. Cette
vérité eft facile à prouver. Mais il faut con-
tribuer par mes preuves à l'utilité publique,
& voici comment. Ce fera en détaillant les
vices que de longs abus ont accrédités,
même dans l'éducation, fur laquelle le Gouvernement peut veiller plus facilement; ce
fera en fimplifiant les moyens de les détruire :
je tâcherai d'être clair, & je promets d'être
vrai.

Tant que le nom d'Abbé a été confacré
à défigner ces hommes d'une vie auftere,
qui, dans les premiers fiecles de l'Eglife,
étoient les peres de ceux qu'ils gagnoient à
la religion, dont ils étoient les miniftres ;
ce mot ne fignifioit rien que d'honorable

& de faint. Il eſt devenu depuis le nom
d'êtres indéfiniſſables, à qui deux doigts de
Linon a donné le titre d'être étourdis, ignorans, ſuperficiels, élégans. C'eſt une eſpece
privilégiée, dont les prérogatives ſont de
n'être ni à l'Egliſe, ni au Prince, ni aux
différens emplois où l'état appelle les citoyens. C'eſt dans cette claſſe d'animaux
équivoques qu'on prend ordinairement ceux
que l'on charge de l'éducation des jeunes
enfans ; comme chaque ruelle a ſon Abbé
chanſonnier, chaque Maiſon un peu diſtin-
guée a ſon Abbé précepteur. Plus d'une
matrone, telle que celle d'Ephèſe, ſe conſole du défunt avec le cher Abbé, qui d'ordinaire eſt un de ces gros provinciaux, qui
feroient mieux des chapiers de Cathédrale ;
ou de ces Adonis muſqués, qui recomman-
dent au jeune éleve un reſpect pour la maman, dont ils lui manquent eux-mêmes. Ils
levent d'une main la férule, & de l'autre
écartent une gaze envieuſe. Monſieur l'Abbé
graſſaie en parlant ; la belle maman balbu-
tie, & l'enfant, qui de temps en temps eſt
de trop, eſt laiſſé à la *Bonne.* De concert
avec les valets, elle lui apprend des impertinences ou des expreſſions triviales avec
plus de ſuccès que la prude mere ne s'eſt
défendue du beſoin d'être conſolée, avec

moins de peine que le preftolet n'en met à corriger le thème du marmot, qui quitte fon livre pour fon volant, comme il eft quitté lui-même pour fa mere. Ecoutez ce Financier, ou cette mere, dont l'avide ambition dévore la garde-nobie d'un fils unique héritier. L'arithmétique & l'écriture, M. l'Abbé; l'arithmétique, dit le premier. Si j'avois tant étudié ces Virgiles & ces Horaces, je ne ferois qu'un gueux. L'Abbé, dit l'autre, mon fils a les yeux foibles. Point de Grec fur-tout. J'en veux faire un joli homme & point un fçavant. L'Abbé en pinçant les levres, en pliffant fon manteau, & raccommodant fon rabat, dit d'un ton mieleux une fottife que l'éleve écoute de toutes fes oreilles. Le petit malheureux eft pareffeux, volontaire, ignorant, opiniátre; il fera digne de fon fiecle & de ceux qui l'ont élevé. Quelle école, que celle de tous les cercles, où l'on produit le jeune éleve & fon précepteur! c'eft un bijou dont les femmes s'amufent. En attendant mieux, fon petit caquet fait les délices de chacune d'elles, il n'en eft pas une qui ne le comble de careffes, comme pour lui dire: Souvenez-vous qu'à l'âge de fept à huit ans j'étois votre meilleure amie; n'allez pas être un ingrat; dans dix ans on vous parlera de vos dettes; mais n'oubliez

point que pas une femme n'a plus de droit
que moi à votre reconnoiffance. Quels exemples fon enfance rencontre de tous côtés!
Là ce font de vieilles matrones qui ne pouvant faire mieux, jouent avec fureur, & qui
d'un ton burlefquement religieux, difent que
fur le gain qu'elles ont fait, elles préleve-
ront de quoi faire dire une neuvaine pour
gagner encore. Là, c'eft un élégant libertin
qui flétrit la réputation de femmes qu'il n'a
jamais connues; qui arrivant les épaules
chargées de la poudre qu'il s'y eft jetté lui-
même, ne dit point, quand on le gronde
de venir tard, qu'il a paffé fept ou huit
heures à s'ennuyer chez lui avec la plus
mauvaife compagnie, parce qu'alors on fçau-
roit qu'il étoit feul avec lui - même. Enfin
c'eft M. l'Abbé, oui, l'Abbé qui abandonne
fon éleve aux mains de l'infatiable Orphife,
qui calcule fi elle a bien encore pour dix
ans d'appas; le grave Mentor chante un
couplet qu'il a fait pour une de ces Iris en
l'air dont parle Boileau, gronde fon Télé-
maque de la maniere dont il a fait une révé-
rence, & ne lui dit rien de la dureté offen-
fante avec laquelle il traite fes valets, ou de
l'indécente liberté, qui lui fait trancher fur
tout dans une converfation, & s'annoncer
pour un arrogant dont la fatuité fera célebre.
Voilà

Voilà comme tous les nourriſſons de la patrie ſont élevés. Leurs cœurs ſont corrompus, avant même de connoître l'uſage qui les devoit conſacrer. L'eſprit n'eſt ni plus orné, ni moins ſuperficiel. On effleure les arts purement agréables. La ſcience des modes en tout genre eſt la premiere & preſque la ſeule étude. Les autres ne lui ſont qu'acceſſoires. On ne chanteroit point, ſi ce n'étoit de la muſique italianiſée. On ne liroit point ſi ce n'étoit des Contes, des Romances, ou des Odes galantes. On n'iroit point au ſpectacle, ſi l'Opéra-comique n'exiſtoit plus. On n'étudieroit point l'hiſtoire, ſi elle n'étoit réduite en anecdotes. L'enfant qui a les diſpoſitions les plus heureuſes n'en ſera pas moins un homme fort ordinaire : il n'a ni des heures fixes & réglées, qui l'accoutument à un plan de vie, ſage par ſon exacte uniformité, ni cet aiguillon de l'émulation qui réveille ordinairement tous les jeunes rivaux admis à courir la même carriere ; l'étude des ſciences demande moins de diſſipation que n'en donne l'éducation particuliere. L'eſprit eſt un volatil qui nous échappe, quand on ignore l'art de le fixer ; & quant à ſes facultés, c'eſt un ſalpêtre inactif par lui-même, lorſque la chaleur du feu n'en facilite point l'exploſion, & n'en développe point les effets. Ce feu pour un jeune littérateur, c'est la noble ambition d'écarter fes rivaux, ou de les devancer d'une courfe fi rapide, qu'en touchant au but, il puiffe mefurer l'efpace qu'il a laiffé entre eux & lui.

L'éducation publique réunit ces deux avantages fi grands en eux-mêmes. Il eft impoffible que tous les peres aient fur l'éducation de leurs enfans un fyftême bien fuivi, bien jufte dans toutes fes vues. Les intérêts particuliers des familles, les préjugés des différens efprits, les contrariétés des caracteres doivent la varier à l'infini, fuppléer à des abus par d'autres, perpétuer les vices des familles, les erreurs des fyftêmes, les abfurdités des opinions propres à chaque claffe de citoyens.

L'éducation publique fixée irrévocablement deviendroit encore immuable, & c'eft cette augufte immuabilité qui lui donne un caractere de majefté, qui feule fuffit à établir fa préexcellence fur toutes les autres éducations. Je n'en excepte pas même ces Lycées particuliers où l'on raffemble plufieurs éleves enfemble : quelque nombreufe que puiffe en être l'école, par la raifon que ces maifons, quoiqu'elles aient l'avantage de fomenter davantage l'émulation, rentrent

pourtant dans la claſſe des éducations particulieres; parce que l'homme qui y préſide
y commandant en deſpote, la partie ſyſté-
matique de l'ordre qui y eſt établi dépend
abſolument de ſa volonté.

La ſupériorité de l'éducation publique me
ſemble aſſez prouvée par ces réflexions:
elle eſt ſans contredit celle qui doit former
les grands hommes; mais plus elle ſemble
deſtinée à être parfaite, plus le gouvernement doit chercher les moyens qui la peuvent conduire à cette perfection.

Jettons d'abord un coup d'œil rapide ſur
l'état préſent de cette éducation: elle n'eſt
vicieuſe que dans la forme; un ſeul jour ſuf-
firoit pour anéantir les abus de pluſieurs
ſiecles. Mais il faut toujours s'entendre: on
a déja beaucoup écrit ſur l'éducation. On
a fait ou des traités de morale, ou des eſſais
de métaphyſique: il falloit poſer pour premier principe, que l'éducation publique eſt
de toutes les éducations la plus avantageuſe.
Au lieu de diſcuter ſi l'on devoit accoutu-
mer les enfans à ſe ſervir également des deux
mains, il falloit, d'après le principe établi,
examiner ce qui manquoit à cette éducation
préférable, prouver clairement comment on
pouvoit rétablir ce qu'elle a de défectueux;
braver alors les Pédans & le pédantiſme,

& renvoyer à l'école les mêmes maîtres ,
qui trop affervis à leurs anciens préjugés ,
auroient ofé combattre l'évidence , & s'appuyer d'une antiquité dont on leur auroit
laiffé le radotage.

Un enfant refte huit ans au college , en
commençant à la claffe qu'on nomme *fixieme.*
Je ne compte ni le temps qu'on lui fait perdre à mériter d'entrer dans cette claffe , ni
l'année qu'il paffe peut-être en *feptieme*, ni
celles qu'il perd à doubler quelques-unes
de ces claffes, dont la moitié eft inutile.
Qu'apprend-il pendant un fi long temps ?
Une langue utile fans doute ; mais dont il
ne doit faire aucun ufage, à moins qu'il ne
recommence fes études où elles finiffent. A
peine lui donne-t-on quelques principes
généraux fur la langue de fon pays. Les
langues étrangeres lui font abfolument in-
connues ; & par qui parviendroit-il à les
connoître ? Un manant, coufin ou arriere-
neveu du Principal , paye le Magifter de
fon village pour lui écrire une lettre à ce
parent, dont il ne prononce le nom que le
chapeau bas. La grêle a ruiné fon canton,
& fon coufin le Principal eft prié dans l'é-
pître précaire d'envoyer quelque fecours à
fa famille indigente. Le refpectable Expro-
vincial tire de fa garde-robe une vieille

ſoutane, l'envoie à ſon parent, qui ſe revêt de l'habit ſacré, vend ſa bêche pour avoir des ſouliers, arrive à Paris, & vient occuper une de ces places connues ſous le nom de *Bourſes*, que de pieux fondateurs ont établies pour le mérite indigent. Le novice preſtolet ente du latin ſur ſon patois groſſier; devient bientôt ce qu'on appelle un *ſous - Maître!* il eſt un des dogues que le Principal lâche dans ſes cours pendant les recréations de ſes écoliers; le ruſtre pique les éleves comme il piquoit autrefois ſes bœufs. Enfin une chaire vient à vaquer; c'étoit le *nec plus ultrà* de ſon ambition. Une robe à large manches, eſt le ſymbole de ſa nouvelle dignité. Que fait - il ? le dernier Profeſſeur avoit ſes cahiers de devoirs; ſon ſucceſſeur vole à ſon inventaire, achete ces brouillons, qui feront une piece du ſien, comme ils l'ont déja été de celui de vingt autres ignorans qui l'ont précédé dans la place qu'il va occuper.

Deux heures & demie forment ſoir & matin l'eſpace de temps conſacré aux leçons des Profeſſeurs publics. Une bonne partie de ce temps eſt perdu à réciter des tâches impoſées à la mémoire, trop longues pour n'être pas rébutantes. Une autre partie eſt donnée à examiner ce que le pédantiſme nomme *penſums*. Ce ſont d'aſſomantes copies de mille & quelquefois deux mille vers, qui ne rapportent d'autre profit que celui d'a-maſſer aſſez de papier au Profeſſeur pour s'abonner avec une beurriere, & s'aſſurer par-là du coût de ſa robe & de ſes rabats.

Après ces deux ſoins déja ſi inutiles, le Profeſſeur ordonne la lecture des devoirs qu'il a dictés. Pluſieurs de ces ignorans en bonnets quarrés ont la déteſtable coutume d'en faire lire une phraſe à l'un, une phraſe à l'autre, comme ſi l'enſemble ne faiſoit point le mérite de tout ſtyle. Pas une ſeule leçon d'Arithmétique, de Géographie, d'Hiſtoire univerſelle, de Mathématiques. La Poéſie Françoiſe elle-même a été rejet-tée ſous prétexte des abus qui en pouvoient naître; mais ces abus ne ſont que ſuppoſés, & l'ignorance des maîtres eſt auſſi évidente que honteuſe.

Ce pays barbare, connu ſous le nom de pays Latin, forme un peuple à part, à qui notre littérature eſt inconnue. On y étudie l'art de la déclamation, plutôt que celui de l'éloquence. J'y ai vu plus d'un Rhéteur vou-loir fixer un rithme ſûr à la Proſe, d'après les chûtes de phraſes de Cicéron. Le mal-heur étoit qu'il falloit autant de regles que de phraſes.

Je voudrois que le plus éclairé de ces hommes à férule me fît voir la différence senfible qu'il trouve entre la fixieme & la cinquieme, entre la troifieme & la feconde ; qu'il m'expliquât pourquoi un Profeffeur de Philofophie paffe plus de fix mois à dicter & commenter une Logique où foixante regles apprennent à former un fyllogifme, quand une feule pourroit y fuppléer.

Trois années feroient fuffifantes pour donner aux éleves la connoiffance la plus parfaite des Auteurs Grecs & Latins, qu'on étudie dans les claffes. Mais comme cette partie des citoyens qui feront leur état de la littérature n'eft certainement pas un vingtieme de la nation, il faudroit aux Profeffeurs des langues Grèque & Latine en joindre des langues Italienne, Angloife, Allemande. Cet établiffement ne feroit pas onéreux pour l'état. Et voici un des endroits de cette differtation auquel je prie de faire le plus d'attention. J'établis comme un principe inconteftable que la cinquieme, la feconde, & une des chaires de Philofophie font abfolument inutiles. Il n'eft point d'écolier qui ne puiffe fe rendre compte de fes forces en fortant de fixieme, & qui ne s'avoue à lui-même que l'année intermédiaire entre cette claffe & la quatrieme, n'ajoute rien à ce qu'il fçait, parce que tout Profeffeur qui fçaura l'ufage du temps con-fondra les occupations des deux années dans une feule. En fupprimant donc ces trois chaires inutiles, on pourroit fonder trois chaires de langues vivantes que je viens de citer & les honoraires des Profef-feurs fupprimés feroient adjugés aux nou-veaux maîtres qu'on établiroit.

Ces chaires feroient des claffes publiques où les citoyens de tout âge feroient admis. Ce ne feroit point des claffes d'obligation : chaque fujet choifiroit à fon choix la lan-gue qui auroit pour lui plus d'attraits.

Mais pour rendre cependant cet établif-fement d'une plus grande utilité, il faudroit que le Gouvernement préférât dans le choix des fujets qui brigueroient les mêmes places, ceux qui auroient fuivi les nouvelles chai-res établies : nous fommes les feuls peuples de l'Europe qui portions fur ce point la négligence à un point honteux pour nous. Nos Ambaffadeurs, & leurs Secrétaires fe font trouvés plufieurs fois embarraffés par ce défaut de leur éducation. Quoique notre langue fe parle prefque par toute l'Europe, la gloire de la langue ne peut pas compen-fer la honte de ceux qui la parlent. J'ajou-terai à ces réflexions, que c'eft encore ce défaut de notre éducation publique, qui a empêché si long - temps que la république des lettres de nos voisins fût en commerce avec la nôtre. Ce n'étoit pas ainsi que Rome en agissoit avec Athenes. Tout prouve donc l'utilité des nouvelles chaires, dont je propose l'établissement.

Il faudroit suivre dans l'ordre de ces classes nouvelles, celui des deux Professeurs de Rhétorique au College Mazarin. Toutes les matinées seroient données aux Professeurs des langues Grèque & Latine ; toutes les après-dînées, aux maîtres de langues étrangeres.

Mais pour conduire à sa perfection cet établissement si avantageux, il faudroit encore réformer un abus qui choque la droite raison. Il n'est point de College où l'on ne fasse une distribution solemnelle de prix dans une assemblée nombreuse & respectable, au son des trompettes & des fanfares. Rien de plus capable de réveiller l'émulation ; mais ces prix devroient être la récompense d'une année d'étude, & non du travail d'un jour, dont le hazard ou la faveur peuvent avoir tout le mérite. L'éleve le plus studieux, le plus digne de récompense peut trouver ingrat le sujet proposé pour le concours. Un jour malheureux peut faire que

fon imagination ferve mal fes defirs , & lui
ravisse le fruit d'une année d'efforts & de
veilles. Le physique des fens a tant de pouvoir fur le physique de l'ame ! la faveur en-
outre peut exclure un bon ouvrage , pour
en couronner un plus foible. Dans tous les
états la brigue a toujours fes droits : le citoyen roturier s'eft plaint plus d'une fois que
fon fils s'étoit vu arracher la palme par le
fils du citoyen noble , & fes plaintes n'é-
toient que trop bien fondées. L'histoire du
Sculpteur qui tremble devant le Dieu qu'il
a fait , fera toujours l'histoire de la pauvre
humanité.

Ces abus une fois réformés , la vraie
noblesse feroit celle du génie ; la gloire feule
distingueroit les rangs ; le fujet qui auroit
réuni la connoissance de plus de langues ,
la préféance la plus fréquente fur fes ému-
les , remporteroit les lauriers à la fin de
l'année ; fon triomphe ne feroit pas l'ouvrage d'un jour , du hazard ou de la partialité.

Mon fentiment eft que dans l'éducation
de la jeunesse on ne peut jamais trop fimpli-
fier les objets. Il faudroit commencer par
réunir en un feul livre , les deux qu'on appelle *Rudiment* & *Méthode*. Pourquoi deux
Grammaires différentes pour une même lan-

gue ? Cette multiplicité de livres effraie l'enfance & la mémoire. Il faudroit même avec art rapprocher autant que l'on pourroit dans une même Sintaxe les principes des langues Françoise & Latine ; mettre sous les yeux en même temps les principes généraux qui leur sont communs, les exceptions qui les rendent différentes, identifier les termes le plus souvent qu'il seroit possible, & démontrer leurs rapports, & leurs variétés. Ce plan n'est pas indigne de nos plus fameux Grammairiens. Il est incontestable, que plus les élémens de toute science sont exposés sous un point de vue clair, concis, facile à embrasser dans toutes ses parties, & plus les jeunes Spéculateurs qui les étudient, s'y livrent avec goût & avec succès. Un ouvrage tel que celui dont je propose le plan travaillé par une main habile, seroit un service essentiel rendu à cette jeunesse sacrifiée, qui depuis des siecles n'apprend pendant huit ans qu'à balbutier une langue qu'elle négligera, & n'acquiert que de faux principes sur sa propre langue, dont les étrangers lui donnent tous les jours des leçons.

Je remarquerai qu'en général ceux qui écrivent pour l'éducation de la jeunesse se livrent trop au desir de paroître érudits. Il faut écrire pour être entendu. Il faut quand on écrit pour la jeuneffe, abréger toute la partie fyftématique qui n'eft que pour le maître, & fe livrer tout entier à la didactique qui eft pour l'éleve ; le maître ne doit jamais fe voir lui - même, ou il ne fe doit voir qu'en fecond.

Quant à la Gréographie & à l'Hiftoire, rien n'eft plus facile à concilier que l'étude de ces deux fciences. Qu'on mette dans chaque claffe des Cartes géographiques des quatre parties du monde ; que le Profeffeur, au lieu de dicter des thèmes burlefques qui ne font que des mots, choififfe les plus beaux morceaux de l'hiftoire des peuples préfens de l'Europe, & les faffe traduire ; qu'au lieu de faire apprendre des difcours extraits des Hiftoriens Latins, il dicte des extraits bien faits de l'hiftoire de notre continent ; qu'en expliquant les Auteurs anciens, il faffe remarquer fur les Cartes les changemens apportés par le temps à la Topographie du monde ; qu'il marque la place de tant de villes qui ne font plus, & celle des nouveaux établiffemens, qui, fous des noms différens, ont fuccédé aux anciens ; dans un même jour la langue des Cicéron, la fcience des Vertot & celle des Delifle s'étudieront dans le même ouvrage. Il faudroit joindre à cette étude celle des mathématiques.

Pourquoi ne donne - t - on pas dans tous les Colleges publics des leçons de cette science, qui doit être un jour si néceffaire à deux claffes de citoyens si utiles à la patrie, les Guerriers, & les Artiftes ou Méchaniciens. Il ne faut point dans l'enfance de l'homme le traiter pour ce qu'il eft, mais pour ce qu'il doit être un jour. Et c'eft encore une raifon pour appuyer l'établiffement que je propofe pour les langues étrangeres. Le Négociant, le Guerrier, & le Négociateur font trois hommes qu'on ne peut trop avoir en vue dans un fyftême d'éducation publique. C'eft prefque fur ces trois feules roues que la machine entiere fe meut; & je vais prouver combien il importe que ces trois hommes en fortant de l'adolefcence aient en eux le germe des connoiffances dont ils auront un jour befoin. Ce point important une fois obtenu dans les leçons publiques, les mêmes cahiers que tout homme de goût rejette avec mépris en fecouant l'ignorance des claffes, lui deviendroient chers, même dans l'âge le plus avancé. Les maîtres publics feroient les bienfaicteurs de la patrie; & le corps de ces hommes refpectables deviendroient l'école du monde, & le flambeau des nations.

J'ai deux remarques encore à faire : je

les crois effentielles ; & dans un fujet fi important, les moindres détails font inté- reffans.

Un Avocat refpectable, homme de goût & d'érudition, avoit propofé par foufcrip- tion des Conférences fur la langue & fur la littérature Françoife. Rien de plus utile qu'un tel projet ; mais jamais il n'aura de fuccès. J'en crois trouver deux raifons frap- pantes. L'ignorance & la vanité font fœurs: il eft peu de François qui conviennent de bonne foi qu'ils ignorent les premiers prin- cipes de leur langue naturelle ; & les étran- gers, que ces conférences femblent regarder plus particuliérement, font une étude affez fcrupuleufe de notre langue pour mériter de nous faire rougir quelquefois. Il eft d'ail- leurs inconteftable, que l'âge confacré aux foins d'une fortune à établir, n'eft point du tout celui où l'on retourne fur fes pas pour apprendre les élémens des fcien- ces, à moins qu'on ne fe propofe d'être un littérateur proprement dit ; mais, comme je l'ai obfervé, ce titre, pour l'ordinaire très- peu fructueux, n'occupe, & peut-être heu- reufement, qu'une très-petite claffe d'hom- mes. Il faut donc toujours n'offrir que des reffources favorables aux citoyens en général.

C'eft fur cette remarque dont la certitude

eſt évidente , que j'appuie la néceſſité de cet établiſſement de chaires des langues étrangeres. Envain des maîtres particuliers annoncent des concours publics, ou ſe pro-poſent pour donner des leçons : l'enfance eſt le temps véritable à donner à la ſcience des mots. Eſt-il temps de penſer à amaſſer les matériaux, quand on eſt arrivé au mo-ment de conſtruire l'édifice ? & même ſou-vent les devoirs de l'état qu'on embraſſe ne permettent point de ſe livrer à ces études particulieres. L'âge heureux de l'adoleſcence doit être employé, doit être conſacré à cet unique objet. Rien ne diſtrait alors d'un devoir que mille circonſtances rendent par la ſuite impoſſible, mais qui dans l'âge qui lui eſt propre, n'offre que des plaiſirs, & rend capable pour les âges ſuivans de tous les autres devoirs que la patrie ou la gloire peuvent impoſer.

C'eſt donc dans l'âge conſacré plus par-ticulierement à l'étude des ſciences, qu'on peut ſe remplir des principes les plus ſûrs. Les conférences des ſçavans les plus zélés ne peuvent point faire autant pour l'inſtruc-tion publique, que les leçons données dans cet âge, où l'homme n'ayant point encore d'affections qui lui ſoient propres, n'a que des ſons à lui, mais point d'idiome naturel,

Il est peut-être des idées innées ; mais il n'est point d'expressions qui le soient ; & c'est le propre de l'éducation de polir en nous ce don la parole, qui a sans doute fondé les empires. Le premier Roi fut celui qui le premier eut de l'éloquence.

Le grand nombre des élèves qu'un maître a lui seul à instruire, est une des raisons les plus plausibles qu'on apporte contre l'éducation publique. Cette objection paroîtra moins forte dès qu'on supposera des Professeurs habiles à partager leurs soins également. Les esprits plus lents sont des plantes tardives dont le cultivateur doit prendre un soin plus particulier.

D'ailleurs, je m'étonne comment des Professeurs qui se disent citoyens, admettent à l'étude des lettres des jeunes gens reconnus inhabiles à y faire des progrès. Quand après une année de soins & d'examen, un sujet ne promet point de profiter des leçons journalieres qu'il reçoit, il devroit être dès-lors exclus des classes publiques. Ne vaudroit-il pas mieux qu'il fût un artiste, que d'être un ignorant audacieux, qui s'appuyera du vain titre d'avoir rampé dans la poussiere des Colleges, pour prétendre à celui de juger la fortune des particuliers, ou d'égorger les citoyens avec privilege ? L'amour-

propre

propre mal entendu des parens fera toujours que les places feront deshonorées par ceux qu'elles honorent : nos préjugés ont toujours fait nos maux , & les feront toujours.

Les réflexions fe multiplient , & celle que je vais faifir me conduira naturellement à un objet important.

Un fainéant qui pouvoit être utile à l'état en conduifant une charrue , vient , fans prefque rien faire , confommer dans la capitale les fruits de ces fillons qu'il auroit pu fertilifer. Il a fait preuve d'avoir bâillé pendant dix ans fur des bancs en écrivant de triftes répertoires d'argumens. Ces miférables rapfodies font fes titres. Il demande folemnellement la permiffion de pouvoir afficher à fa porte : *Ici fe tient école d'ignorance.* Sous le nom de *Répétiteur*, il fait travailler aux écoliers les devoirs impofés par le Profeffeur collégial , corrige leurs bévues , en leur en fubftituant d'autres. Ce n'eft pas tout encore de ce maître fubalterne : cet homme à affiche , a pour l'ordinaire un commis-Abbé , dont l'état eft un de ceux que je ne nomme point par refpect pour les lettres , dont il femble un forçat. Ce troifieme aventurier tient fouvent la férule dans l'abfence de celui dont il eft le gagifte. Qu'arrive-t-il de cette ridicule fucceffion de

maîtres ? Le voici : les éleves ne portent au
Profeſſeur que les efforts de ces Pédans du
ſecond & du troiſieme ordre. Comment ce
Profeſſeur peut - il juger des progrès d'une
jeuneſſe qui n'offre à ſon examen que le
même texte & les mêmes expreſſions ? C'eſt
un problême incompréhenſible pour moi,
comment des parens éclairés ne compren-
nent pas que les leçons publiques ſervent
moins à corriger les ouvrages de leurs enfans que ceux de leurs répétiteurs ? cette
multiplicité de tyrans inutiles eſt la cauſe
véritable des dégoûts trop réels que la jeuneſſe éprouve dans l'étude des ſciences. Que
de châtimens différens ! quelle rudeſſe dans
les leçons de ces barbares qui traitent les
enfans de la patrie, comme un riche Amé-
ricain traite ſes Nègres.

Mais qu'on ne s'y trompe pas : la ſtupide
tyrannie qui abuſe des années les plus heureuſes de l'homme, l'ignorance ou l'injuſ-
tice qui dépouille la veuve & l'orphelin,
l'avide inſatiabilité dont le gouffre engloutit
les tréſors de la patrie, l'altiere préſomption
qui s'immole la vie de milliards d'hommes,
ces différens fléaux qui ravagent tous les
états & tous les âges, n'ont qu'une même
cauſe ; le mauvais choix des ſujets. Quoi !
ce ſoin ſi précieux, ſi honorable, celui

qu'exige la culture de ces plantes délicates & cheres à la patrie, ce soin est confié à des hommes, qui pendant toute leur vie ne donnent d'autres preuves de leur existence, que d'insipides dictées, qui n'ont quelquefois heureusement que le mérite de n'être point de leur invention!

Il faut qu'un concours public & glorieux soit désormais le degré qui éleve au rang de Professeur public. L'homme digne de l'être, que son mérite fera triompher de ses rivaux, comprendra facilement que l'aimable urbanité doit consacrer les leçons d'un art dont la ruine & la renaissance ont fait dans tous les siecles & chez tous les peuples époque pour les mœurs. L'indécence de ces châtimens qui profanent l'éducation publique, sera dès-lors supprimée. La crainte fait des esclaves; l'émulation, des amateurs. Ces maîtres rigoureux qui arment les Muses des fouets des Furies, font aux belles-lettres le même tort que fait à la vertu le Stoïcien farouche, qui la rend hideuse à force de la rendre sévere. Les abeilles viennent recueillir leur miel sur les lèvres d'Apollon. Ce Dieu, qui l'est autant de l'ame que de l'esprit, ne parla jamais ce langage grossier que parlent pour l'ordinaire à leurs éleves ces maîtres qui, en sortant des murs de leurs Colle-

ges font comme des animaux fauvages tranf-
portés dans d'autres climats. La fource de
l'Hypocrène ne fut jamais une fource amere;
& l'amertume des larmes fe communique
toujours à la fource la plus pure. Maîtres
publics, quand la patrie vous remet les
droits de fa maternité, ayez-en auffi la douceur & les entrailles. Que vos mœurs fecondent vos lumieres. C'eft trop peu d'inftruire;
rendez heureux.

Citoyens, ne foyez point des ingrats.
Quand j'écris ce que l'amour du bien m'infpire, fongez moins à mon ftyle qu'à mes
vues. Trop fouvent on donne à critiquer
un ouvrage, les foins qu'on devroit donner
à en profiter. Mon efprit ne cherche point
à briller aux dépens de mon cœur. Peut-
être j'entre dans des détails qui offrent plus
d'utilité que d'agrémens; mais j'ai vu tout
le monde s'égarer en voulant créer un plan
d'études brillant & nouveau. Eh! pourquoi
ne pas faifir la fimple vérité? on perd trois
années dans les Colleges: un moyen facile
de mieux employer ce qu'il en coûte à l'état
pour les trois Profeffeurs à fupprimer, s'offre dans le projet utile de leur fubftituer trois
Profeffeurs de langues étrangeres. Pourquoi
ne pas adopter ce projet qui n'offre que des
avantages & pas une feule difficulté. Je ne

fçais pourquoi je m'arrête avec plaifir fur l'expofé de cet établiffement. Qu'on ne penfe pas que la vaine gloire d'être le premier à le propofer flatte mon amour-propre : non ; c'eft que j'aime à me perfuader qu'on fentira quelque jour l'utilité de l'établiffement que je propofe. Les étrangers ne nous reprocheront plus notre ignorance ; & de nouvelles fources s'ouvriront pour nos jeunes littérateurs, quand ils pourront puifer dans celles que leur ont ouvertes les génies créateurs des nations voifines. Quelle différence de lire les ouvrages d'un grand homme dans la langue même dont il s'eft fervi, ou de ne les connoître que par des traductions : fi cet écrit tombe entre les mains de ces magiftrats qui veillent fur l'éducation de notre jeuneffe, je ne doute point que mes idées, quelque perfection qu'il leur manque, ne fervent un jour à rectifier cette partie de l'adminiftration confiée à leurs foins.

Le travail d'une grammaire commune aux langues Italienne & Françoife, qui approcheroit les principes communs & particuliers à ces deux idiomes, eft encore une de ces propofitions qui, pour être exécutée ne demande que beaucoup de jugement, & dont l'utilité eft auffi évidente qu'infaillible. Ce genre de thêmes, dictés d'après nos meil-

leurs historiens, n'offre ni difficultés, ni
objections. Mes remarques sur l'abus des
distributions des prix, sur ces répétiteurs
inutiles, dont les leçons journalieres empêchent le Professeur de juger des progrès dûs
aux sciences, sur le choix des maîtres, sur
la nécessité de semer des fleurs dans cette
carriere épineuse, que parcourent des pas
encore chancellans, toutes ces remarques ne
portent point le caractere d'extraordinaire,
mais leur vérité les doit rendre cheres, &
leur utilité les doit faire adopter.

Depuis tant d'années qu'on écrit chaque
jour sur cette matiere, commençons donc
enfin à nous entendre. Jusques à quand, en
politique, en religion, en morale ne pose-
ra-t-on que des systêmes favorables à une
partie du monde, inutiles à un autre, quelquefois nuisibles à deux autres ? L'homme
de Pekin & celui de Paris ne sont-ils pas
deux êtres semblables ? Moralistes imprudens, les hommes ne sont-ils pas assez
désunis par leurs penchans ? Pourquoi les
désunir encore par vos systêmes ? Vous trai-
tez nos cœurs comme nos plaisirs ; vous
nous faites des uns des ennemis réels, & des
autres des vices imaginaires ! qu'osez-vous
avancer, raisonneurs intéressés, qui, en
nous parlant du projet de perfectionner l'é-

ducation, ofez nous propofer une maifon où vous n'admettez que huit éleves ? En fuppofant qu'ils foient tous François, vous excluez donc le refte des citoyens de ce projet, qui, felon vous, fera feul des éleves parfaits ? Mais quand la générofité d'un Roi bien-aimé par excellence a affecté au corps des Profeffeurs publics une fomme fuffifante pour leurs honoraires, pourquoi ne point porter toutes vos vues vers ce corps qui eft commun non-feulement à la nation, mais à l'Europe entiere ? Il n'y aura donc tous les fix ans que huit éleves, dont l'éducation foit fuppofée parfaite ; tout enfant dont les parens n'auront point dix mille livres à dépenfer par année, fera facrifié aux anciens ufages de l'ignorance. Êtes-vous des citoyens, vous qui nous propofez un pareil projet ?

Quand une Univerfité entiere réunira les enfans de tous les peuples à l'étude des principales langues, cette union des éleves des différens états ne fera - t - elle pas plus heureufe à combattre les préjugés des nations l'une contre l'autre, que cette foible claffe de huit écoliers ? Ils font à fuppofer nés dans un rang élevé ; mais les grands de tous les états ont tous à peu-près les mêmes principes : ce font les peuples qu'il faut inftruire de leurs bonnes qualités refpectives, & l'é-

ducation publique y contribuera certainement plus que cette éducation particuliere
bornée à un si petit nombre de sujets.

Je n'ajouterai rien de plus contre ce projet
détruit d'avance par cette vérité, que l'éducation publique est la seule digne de l'attention des Magistrats & des citoyens. Je ne
comprends pas comment un homme médite
de sang-froid un projet dont l'inutilité ou
l'impossibilité lui doivent être une évidence
frappante. Comment se flatte-t-on de faire
rêver tout un peuple avec soi & comme soi ?
N'admettons jamais que des systêmes aussi
vrai qu'utiles. François, remarquez-le bien.
Tous les peuples puissans qui ont donné la
loi à l'univers, ont dû leur grandeur à la
sagesse de leurs constitutions. Rome ne seroit
point devenue la maîtresse du monde, si
chaque Consul, en devenant le premier de
ses égaux, avoit eu le pouvoir de donner ses
rêves pour des loix, & ses paradoxes pour
des vérités.

L'esprit de ce sénat de Rois étoit l'ame
de l'univers, & la sagesse de ses Magistrats avoit préparé la victoire avant que
la valeur des généraux eût engagé le combat. Malheur à tout état qui n'a point un
plan fixe d'administration : malheur à tout
établissement qui n'a que des vues incertai-

nes ou bornées ! Citoyens, on a jufqu'ici abufé de votre confiance, & des années les plus précieufes de vos enfans. Et vous, qui, aux foins que vous devez à l'efpérance de vos familles, uniffez encore ceux que vous impofe la qualité d'hommes publics, Magif-trats, daignez accorder à la lecture de cet ouvrage quelques - uns de ces momens où les faveurs des Mufes vous récompenfent des travaux de Thémis. Comme l'éducation eft un befoin de tous les citoyens, mon fyf-tême eft celui de tous les états. Il raffem-ble tous les avantages, & n'offre point un feul inconvénient. Il eft fimple, mais utile ; il porte les caracteres de la vérité qui me l'a dicté. Il ne peut qu'honorer l'autorité qui en rendroit l'exécution commune à tous les citoyens.

PORTRAIT

D'une Femme aimable, estimable, &
heureuse.

JE nommerai JULIE, cette personne qui
sçait jouir de ses charmes sans cesser d'être
heureuse, parce qu'elle ne se croit heureuse
qu'autant qu'elle se juge estimable. Qu'on ne
me demande point à quel pays elle appartient : elle est composée de toutes les graces des Françoises, de la vivacité des Ita-
liennes, du sang-froid des Espagnoles, des
attraits des Circassiennes, de la tendresse des
Asiatiques. Angloise dans le cabinet, Pari-
sienne dans les cercles, elle est de tous les
pays, parce qu'elle a des qualités qui plai-
roient dans tous. Qu'on ne me demande point
non plus si elle existe. Qu'importe qu'elle
existe, aux femmes qui ne l'imiteroient pas ?
Qu'importe qu'elle n'existe pas, à celles qui
n'ont point besoin d'exemples pour être esti-
mables ? Qu'on ne la croie pas cependant un
portrait de qualités supposées ou de graces
chimériques qui n'ont eu de réalité que dans
mon imagination ; je la vois chaque jour

fous différens attributs. Elle a les traits de
Madame la Marquife de B. . . . les vertus
de Madame de V. . . . dont la réputation
a toujours été refpectée , & par tous nos
jeunes Officiers qui devenoient fes admirateurs , & par le public qui la refpecte autant qu'elle s'eft refpectée elle-même ; elle
a les talens de Madame de la P. . . . . les
yeux de Madame de T. . . . . la taille &
les fourcils de Mademoifelle de B. . . . . .
& pour achever, elle écrit & parle comme
Madame du R. . . . .

Julie en entrant dans le monde vit fe former autour d'elle une cour brillante, où le
fracas du plaifir ne pouvoit être modéré que
par le filence de la volupté ; elle rendit le
premier moins bruyant, & défendit à l'autre
d'être myftérieufe. Elle fçavoit déja qu'on ne
fe perfectionne point l'efprit fans lire, & que
la lecture eft inutile fans réflexion. Julie fit
un choix des meilleurs Ecrivains. On trouve
fur fa toilette Racine auprès de Nicole.
Telle qu'une rofe qui vient à peine d'éclorre
fous le fouffle du zéphyr, porte avec foi fes
richeffes, fon coloris & fon éclat, telle Julie
paroît en fe mettant à fa toilette. Quelques
foins donnés à l'ufage, plutôt qu'à la néceffité, lui prennent à peine quelques inftans ;
& belle de fa propre beauté, n'ayant d'au-

tres miroirs à confulter que les yeux de ceux qui la verront l'après-midi, elle fe renferme avec Pafcal, Mallebranche, ou Saint-Réal ; elle raifonne, s'inftruit, & travaille, fans fçavoir, à trouver deux admirateurs dans la même perfonne ; celui qui la voit & celui qui l'entend.

Déja les heures de la matinée font écoulées ; Julie fe plaint de leur rapidité. L'heure de dîner approche, fes amis viennent : ce ne font point de ces Calotins, qui font tout rétentir du bruit de leurs impertinences ; de ces frivolités, dont tout le mérite eft de touffer joliment, & de fe pancher avec des graces malféantes : les aurois - je nommés les amis de Julie ? La gaieté du repas & la décence de la converfation font relevés par les graces, & animées par les faillies de celle qui en fait les honneurs. Déja le caffé eft pris : on paffe dans le fallon ; le cercle va fe former.

Jouera - t - on ? non : du moins Julie ne jouera point. Prendra- t - elle un vil intérêt fur des points marqués, fur des couleurs que le hazard peut ne lui point offrir heureufement ? Que ce foit un amufement pour des perfonnes ennuyées, autant qu'ennuyeufes ; à la bonne heure. Le filence même qui regne alors fert & leur ignorance & les fpectateurs. Mais Julie dont l'esprit est nourri de la lecture des meilleurs historiens & des plus sages moralistes, perdroit-elle des momens qu'elle ne croit donner qu'à la satisfaction de ses amis, quand elle les donne à leur instruction? Non; elle ne jouera pas : mais ses amis ne joueront pas non plus. Ce front, siege de la pudeur & de la modestie, ces yeux animés des feux du génie, ont seuls droit de fixer leurs regards, & d'animer leur conversation. Elle s'échauffe : vous n'entendrez point attaquer les vertus de l'innocence, ou dévoiler les mysteres du crime. Julie n'est pas même censée les connoître. Quelqu'un a-t-il osé parler contre elle? elle s'en venge par bienfaits; & si quelque explication met le coupable dans la nécessité, douce alors pour lui, de demander sa grace, elle est plus soigneuse à lui en épargner la honte, que l'autre n'est docile à s'y soumettre.

Les femmes ordinairement font rivales l'une de l'autre. Avec Julie, elles ne le font ni de Julie, ni d'elles-mêmes. Les plus spirituelles veulent-elles abaisser celles qui le font moins, Julie prête de l'esprit à celles-ci; & comme il n'est guere de beauté qu'elle n'efface, aucune des femmes de son cercle n'ose entrer en concurrence, parce que la premiere d'elles ne pourroit jamais être que la seconde.

Elles n'ont toutes alors qu'un sentiment, celui d'aimer Julie : plus elle oublie sa supériorité, plus toutes s'en souviennent & l'en font souvenir. Les déplaisirs que leur cause souvent leur vue mutuelle, cédent au plaisir de voir Julie : ce qu'elle réfléchit de ses agrémens sur elles toutes, semble les rendre à elles-mêmes plus aimables ; toutes en la quittant s'occupent de l'espoir de la revoir, & oublient leurs petits débats.

Le grand art des femmes est celui de la coquetterie : agacer & refuser, louer & railler tour-à-tour, rendre l'un content par un geste, l'autre par un regard, ménager tous les hommes sans en aimer un seul, voilà la conduite de nos coquettes. Il leur suffit, disent-elles, d'être vertueuses en effet : elles sacrifient les dehors. Le plaisir d'être louées, enivrées d'encens, leur paroît le premier plaisir. Peut-il leur trop coûter ? Telle femme cede à la crainte de voir hors de ses fers un élégant à la mode. Le beau Célicourt dut sa victoire moins à l'amour qu'à sa réputation.

Julie plaît toujours sans chercher à plaire. Sage par principes, tendre par inclination, elle croit toujours se rapprocher du véritable bonheur en s'éloignant du répentir. Quand elle donne quelque chose au

plaifir de fes amis , toujours la fageffe l'a
avouée : elle n'eſt point de ces femmes qui n'aident aux plaifirs des autres que pour multiplier
les leurs. Cet intérêt peut n'être pas coupable :
il eſt un intervalle entre la vertu & le vice :
l'homme dans cet efpace femble être vicieux
fans remords, & vertueux fans mérite. Julie
craint trop cet état douteux , qui, fans con-
damner, ne juſtifie pas. Elle redoute juſqu'au
moindre foupçon ; un œil juſte comme le
fien, fixe les bornes de la bienféance ; le
plus heureux de fes adorateurs a fans doute
le plus de mérite , mais n'eſt que le fecond
de fes amis.

On eſt curieux de fçavoir quel eſt le premier ; je le donne à deviner à toutes précieufes coquettes, dont le bon ton fait les vices
ou les vertus : le devineront - elles ? Non :
difons-leur : elles en vont rire. Le premier
ami de Julie eſt . . . . . . fon mari. Qu'il
mérite de l'être ! un feul mot en affure ; il eſt
de fon choix : il eut feul le droit d'attaquer
fon cœur. L'eſtime commença leur amitié ;
l'amitié commença l'amour ; Julie le fentit
naître fans s'allarmer. Il lui falloit faire un
choix ; il étoit déja fait. Vertueufe fans politique, décente fans art , elle avoua bientôt
une paffion, dont la vue pouvoit faire un
heureux, & point une criminelle : la fidé-

lité fut jurée mutuellement, & la loi la consacra. Elle vit avec son époux dans cette union heureuse, qui tient assez de l'amitié pour honorer la sagesse, & assez de l'amour pour paroître une passion. Elle est le confident de ses secrets, comme l'objet de ses plaisirs : il connoît assez quel soin elle a de son honneur, pour ne rien craindre pour le sien ; il n'est point assez son mari, pour n'être point son amant ; il n'est point assez amant pour être jaloux ; & d'ailleurs il juge du sort de son époux, par le sort qu'il eut étant amant.

Julie n'est point encore de ces femmes, dont l'existence léthargique a besoin de fracas pour être éveillée ; à qui l'on ne plaît que par sa fertilité à inventer des fêtes extraordinaires ; en qui l'habitude du divertissement en a produit le dégoût. Elle a sçu ménager les siens : les plaisirs les plus grands sont les plus désirés. Il n'en est qu'un certain nombre. On les auroit bientôt vieillis, si l'art de les ménager ne leur donnoit le mérite de la nouveauté. Julie, avec un esprit vif & un cœur tendre, sçait tirer parti de tous les objets. Assez indifférente sur leur privation, pour ne s'en point affliger, elle semble ne la sentir que pour mieux goûter leur possession : elle n'auroit point de passion décidée

décidée fans fon penchant pour le vrai mérite.

La prédilection d'un objet rend ordinairement les autres infipides ; de-là naît la folitude des antiquaires, des avares & des amans. Je n'ai point nommé les aimables littérateurs ; ils font, pour l'ordinaire, l'ame de la fociété. Julie ne connoît point ces prédilections. A la campagne, elle goûte les plaifirs champêtres : tantôt c'eſt Flore, dont le teint vient le difputer aux lys & aux rofes de fes parterres ; tantôt c'eſt Pomone qui émonde fes efpaliers ; quelquefois c'eſt une jeune Nymphe s'amufant à nouer avec des liens de fleurs les Silenes qui vendangent fes côteaux. Elle a oublié nos Tuileries, nos remparts, nos concerts, nos fpectacles. Revient - elle à Paris, le parterre s'émeut en la voyant entrer dans fa loge ; & toujours la derniere à s'appercevoir des effets de fa préfence, elle eſt long-temps à chercher l'objet de ce doux frémiſſement, langage muet de l'admiration. Par - là fes plaifirs font toujours vifs & nouveaux autant que décens : elle s'eſt fait un fyſtême de raifon voluptueufe ; difons mieux, d'une volupté raifonnée.

Le bien n'eſt point toujours fi parfait, que le mal n'y touche de près. Julie fçait profiter du malheur pour en apprendre mieux

l'ufage du bonheur : mais auffi il n'eft point de
mal qui n'ait quelque côté heureux. Julie fe
confole de l'un par l'autre. Une ame foible
s'occupe toute entiere du mal ; Julie fçait
tirer avantage du malheur même : plus phi-
lofophe en cela que les Stoïciens. Ces fiers
ennemis d'eux - mêmes , fuccomboient fous
leurs maux en jurant ne les point fentir , &
mouroient en faifant l'éloge de leur bonne
fanté. Que n'imitoient-ils Julie ? elle avoue
le mal, mais elle y applique le remede ; une
difgrace n'eft qu'un nouveau triomphe pour
fa gloire.

Julie eft bienfaifante ; mais elle oublie fes
bienfaits : elle prévient les befoins de fes
amis, & tous les malheureux font les fiens
nés. Vous offre-t-elle fes fervices, c'eft une
permiffion qu'elle demande ; & fon embarras pour ménager la délicateffe, ne laiffant
à celui qu'elle oblige que la joie d'être obligé,
on douteroit en voyant de ces fcenes tou-
chantes, lequel des deux, d'elle ou de celui
à qui elle offre fa bourfe, eft le bienfaicteur.

Julie ne parle qu'à propos ; elle venge en
cela l'honneur de fon fexe fur le préjugé
reçu : par-là elle eft difcrette ; point d'im-
prudentes confidences. Les affaires de fes
amis font pour elles un dépôt facré : peu

curieuse même, elle ne prévient jamais, &
ne s'offre jamais pour confidente ; on douteroit quel est le premier motif d'empresse-
ment de ses amis à lui confier leur secret,
ou la douceur de lui compter leurs peines,
ou l'utilité de recevoir ses conseils.

Julie aime les Gens de lettres & les Artis-
tes ; les conversations chez elle roulent sur
les ouvrages nouveaux. On n'y daigne pas
même citer ces brochures frivoles, en-
nuyeuses répétitions les unes des autres, où
l'on se rit du public & du goût. On y parle
des ouvrages ou pensés, ou sentis moraux
sans pédanterie, agréables sans indécence.
Les pieces de théâtre y tiennent leur rang :
mais Julie a trop lu malheureusement COR-
NEILLE & CRÉBILLON ; que peut-elle penser de nos pieces nouvelles ? Elle n'en dit
rien : de telles pieces font - elles penser ?
Elle veut que la grandeur, la justesse, ou
le sentiment des pensées frappent son esprit.
Les scenes doivent être pour elles le déve-
loppement du cœur humain. Quel goût
prendroit-elle à ces tirades empoulées où
pour tout mérite, le cliquetis des mots se
mêle à celui des poignards ?

Ses discours font aimer la vertu, ainsi que
son exemple : non, cette vertu qui est le
vice du bigot, mais cette union des quali-

tés de l'esprit & du cœur qui améliorent toutes nos actions. On ne peut la quitter sans desirer de devenir vertueux.

Julie sent vivement ce qu'elle pense : elle s'exprime avec force & avec netteté ; ses yeux, ses mains ont leur éloquence propre : tous ses mouvemens aident à la justesse de ses expressions. Son éloquence est naturelle, & la vérité en fait l'ornement. Toujours prête à dire le bien qu'elle fait, elle se tait sur le mal ; elle pense trop bien pour n'être pas véridique : quel sentiment a-t-elle à cacher ?

La gaieté ajoute à ses autres qualités & leur donne une aménité séduisante : ce n'est point cette gaieté folâtre, qu'on nommeroit mieux légéreté, qui l'empêcheroit de vaquer à ses affaires. Ses devoirs sont ses premiers plaisirs : on les remplit toujours avec gaieté quand on est sûr de s'en bien acquitter.

Plus on la fréquente, plus elle devient chere. Ses amis ont tous éprouvé ou sa générosité, où la justesse de son esprit, ou la solidité de ses conseils, ou la fermeté de sa vertu. Comme ils sçavent que les distinctions qu'elle accorde, elle les donne toujours au degré de mérite ; sa maison devient une école de vertu, dont son exemple est la leçon, & sa confiance la récompense.

Telle eſt Julie; aimable, par les graces qu'elle réunit, eſtimable par ſes qualités, heureuſe par la tranquillité que ces mêmes qualités lui aſſurent; ſes adorateurs ſont ſes amis; ſes amis ſont reſpectueux; les femmes n'oſent être ſes rivales: enfin elle goûte le plaiſir parfait de jouir de ſes charmes ſans perdre ſa vertu, & de pouvoir perdre un jour ſes charmes ſans perdre un ſeul de ſes amis.

PLAIDOYER
DE L'ESPRIT,
CONTRE LA BEAUTÉ.

L'ESPRIT & la Beauté eurent un jour un différent. La beauté prétendoit que l'esprit lui devoit céder en tout. L'esprit avoit ses prétentions ; mais il ne prétendoit que ce qui lui étoit dû. La dispute avoit partagé tout Paphos. Le jour où elle arriva étoit précisément celui d'une fête à l'honneur de Vénus. Toute la jeunesse, ivre de plaisir & de volupté, chantoit les hymnes à la Déesse. La vieillesse tremblante n'étoit point admise dans ces lieux fortunés, où l'enfant connoît le plaisir avant de se connoître. Quelques meres cependant s'y glissoient furtivement, ainsi que quelques célibataires passionnées encore, veuves sans avoir un époux, meres sans descendans, & quelquefois sans aïeux. Ces vétéranes étoient celles qui introdui- soient les jeunes amours dans les boudoirs sacrés de la Déesse. Elles en sçavoient les détours, & se plaisoient à leur montrer leurs noms gravés jadis fur des myrthes. Quelquefois même elles avoient encore l'honneur d'y donner des leçons, & leur officieufe complaifance fe plaifoit à maniérer l'ignorance, à enhardir la timidité. Tel un cultivateur éleve avec foin un jeune arbriffeau dont les fruits ne font pas pour lui.

La beauté avoit dans ces lieux un autel & un fanctuaire à part; l'encens fumoit continuellement fur fon autel. La fiere Déeffe payoit tous les hommages de l'univers par un fourire, & l'univers étoit fatisfait. L'efprit étoit admis dans le temple plutôt par grace que par égard. Affez femblables à ces bouffons, que tiennent les Princes à leur cour, ils n'ont d'autres titres que de n'en avoir pas. On les traite mal; on ne les paye pas affez; quel fervice cependant plus grand que celui d'éloigner l'ennui? Et qui doit plus que les Princes payer libéralement un tel fervice?

La beauté offrit de prendre l'affembléa pour juge. On tira au fort ceux & celles qui compoferent le tribunal. Les vieillards en furent exclus. La beauté les recufa comme juges intéreffés. L'efprit pouvoit fe plaindre, le tribunal pouvoit être partial; mais il fçavoit qu'en fait de jugement, on ne doit jamais raifonner. Il eft tant d'inconféquences qu'on vous puniroit de trouver ridicules.

On écrivit le nom des juges de chaque sexe. La beauté parut ensuite, ses regards étoient fiers & assurés. L'émotion que sa démarche lui causoit, ajoutoit encore au feu de ses yeux, à la vivacité de son coloris.

Elle ouvrit enfin la bouche pour exposer ses demandes : elles étoient, que l'esprit lui céderoit en tout, la serviroit même, n'auroit point d'autel comme elle , & viendroit chaque jour jetter son encens dans le brasier toujours ardent qui éclaire son sanctuaire ; elle se tut plutôt par défaut de pensée, que par prudence. Son discours commençoit à nuire aux impressions que sa vue avoit causées. Son silence la servit mieux. Un sourire acheva de remettre l'assemblée dans ses intérêts. L'esprit s'avance alors au milieu de l'assemblée, ses traits n'étoient point réguliers ; mais ils étoient heureux ; ses yeux étoient pleins de feu, son front étoit haut, & ses cheveux bien plantés ; ses moindres gestes étoient délicats, intéressans. Le timbre de sa voix étoit mâle, terrible ou tendre, suivant ce qu'il exprimoit : chacun attendoit avec impatience ce que l'esprit alloit dire pour sa défense : on oublia que sa taille étoit petite pour penser qu'elle étoit réguliere. Le feu de ses yeux communiqua celui de son ame. La Beauté commençoit à perdre des regards ; il s'incline avec une assurance mêlée de respect, & parle en ces termes :

» Messieurs, ma partie adverse a tant
» d'avantages contre moi, que j'attends de
» vous la précaution de faire pour ma dé-
» fense tout ce qui sera en mon pouvoir.
» Je demande que le jugement soit remis au
» jour de la premiere fête que l'on célébrera.
» Elle est dans trois mois, jour pour jour.
» Je me soumets pendant le délai à tout ce
» que la beauté veut exiger de moi. Je vous
» laisse à juger si la basse jalousie entre pour
» quelque chose dans ce différent. »

Chacun applaudit à son discours : on lui accorda le délai ; on enferma la liste des noms des juges dans une cassette de bois de violette, ainsi que l'exposé des demandes de la Beauté, que le Secrétaire de l'assemblée avoit mises en écrit. La beauté crut triompher ; l'esprit ne se hâta point de la détromper. Le succès ordinairement perd les têtes foibles. On se sépara : chacun raisonnoit sur son dessein ; personne ne devina juste ; l'esprit en sçavoit plus qu'eux tous.

Trois mois furent bientôt coulés, & le jour de la fête solemnelle arriva ; l'aphos

retentiffoit du bruit des inftrumens & des
cris de joie de mille amans auffi tendres
qu'heureux. Pendant le délai de trois mois,
l'efprit avoit brûlé fon encens fur l'autel de
la beauté. La fiere Déeffe elle-même, plus
flattée de fes éloges que de fa foumiffion,
commençoit à fe repentir. Elle fe feroit prefque retractée : mais l'amour-propre fçait-il
jamais fe reconnoître coupable ? Qui peut
avoir affez d'efprit pour avouer fa faute, en
a autant qu'il en falloit pour ne la pas commettre.

L'heure du jugement étoit arrivée : toute
l'affemblée s'étoit portée vers un célebre
amphithéâtre de gazon qui avoit déja fervi
de barreau. On tira de la caffette de bois
de violette la tête des juges nommés. On
les appella chacun à leur tour , & chacun
répondoit en fe mettant à fa place.

L'efprit fe prépara bientôt à parler ; après
avoir confulté tous les yeux d'un feul regard,
il fit lire la demande de la beauté ; &
demandant enfuite modeftement quelques
inftans d'attention, il s'exprima en ces termes :

» Il ne s'agit point ici, illuftre affemblée,
» de fçavoir fi ma partie adverfe a des avan-
» tages confidérables autant qu'intéreffans :
» en douter un inftant ce feroit mériter de

» perdre ma caufe ; & parmi vous , Mef-
» fieurs, il n'eft point de cœur dont cha-
» que foupir ne fût une preuve contre moi.
» Le fujet de la queftion n'eft point de fça-
» voir fi je l'emporte fur elle en qualités
» perfonnelles. Reclamer la victoire, c'eft
» être fûr de la remporter avec une autre. .
» Je ne prétends point effacer fon empire,
» je ne prétends que l'égaler , j'ai prefque
» dit le partager. Pour mériter cette gloire,
» entrons dans quelques preuves, & pofons
» quelques principes.

» Pour comparer un bien avec un autre,
» il faut les comparer dans leur durée, dans
» leur excellence, dans les plaifirs qu'ils
» procurent, dans le plus ou le moins de
» fupériorité qu'ils donnent, dans le plus ou
» le moins de dangers qu'ils préfentent.

» Comparons l'efprit & la beauté pour la
» durée. L'âge donne tout à l'un, quand il
» donne tout à l'autre. On acquiert du côté
» des connoiffances, ce que l'on perd eft
» du côté des traits. L'efprit eft de tout âge,
» la beauté a fon âge à part : elle touche à
» la vieilleffe, quand le refte touche à l'a-
» dolefcence. Une maladie, un air plus ou
» moins favorable, un rien enfin détruit la
» beauté. L'efprit ne craint aucun accident;
» il ne fe perd point, & il répare toutes les
» autres pertes. »

L'orateur se vit alors interrompu par plusieurs soupirs, qui partoient du côté des juges. Toute l'assemblée y porta aussi-tôt ses regards. Quatre des plus jolies personnes d'entre les juges avoient perdus ces mêmes attraits, qui trois mois auparavant les rendoient fieres & triomphantes. L'orateur alloit continuer; un murmure d'abord assez tacite, & bientôt tumultueux, l'interrompit encore: c'étoient deux couples d'amans. Aminthe, l'une des amantes, aimoit un jeune homme peu joli de figure, mais célebre par son esprit. Leurs soupirs empressés & leurs regards enflammés étoient autant d'argumens qui prouvoient pour l'orateur. Cidalise, l'autre amante, avoit été trois mois avant, une beauté aussi fiere que piquante; mais une maladie presque mortelle l'avoit entierement défigurée. Alcidon, le plus ingénieux & le plus maltraité de ses amans, insultoit alors à sa laideur: l'infortunée soupiroit elle-même alors pour un jeune homme moins spirituel & plus laid qu'Alcidon, qui ne daignoit pas même la payer d'un regard.

L'esprit, en habile orateur, laissa remarquer à l'assemblée ces petits incidens. Que devint - il? & que devint l'assemblée elle-même, quand on vit deux des juges se lever & tomber aux genoux de deux de ces amables fénateurs, qui pendant le délai des trois mois, avoient perdu une partie de leurs charmes, mais auſſi avoient tout gagné du côté de l'eſprit? ce fut alors que l'orateur continua ainſi :

» Voilà, Meſſieurs, le pouvoir de l'eſ-
» prit ; ce n'eſt point par les yeux qu'il va
» au cœur : il s'appuie contre le cœur du
» cœur lui-même, & c'eſt-là ce qui prouve
» la préexcellence de l'eſprit. Une belle
» ſtatue, une belle femme ſans eſprit, n'ont
» entre elles de différence que quelques mou-
» vemens : encore ſous les doigts de l'ar-
» tiſte, & aux regards de l'amateur, Milon
» de Crotone ſemble rugir, & la belle
» Andromede ſoupirer. La ſtatue a même
» cet avantage, c'eſt que l'on eſt ſatisfait.
» On n'eſpere d'elle que la voir ; mais au-
» près d'une belle femme, on ſe flatte en-
» core de l'entendre. Le plus grand talent
» de l'homme eſt celui de communiquer ſes
» idées. Quelle ennuyeuſe compagnie que
» celle d'une perſonne qui vous rend ce
» talent inutile ! peut-on pardonner à quel-
» qu'un de vous priver du plus beau droit
» de l'humanité ?

» Voici une raiſon très-forte encore
» pour l'eſprit ; c'eſt que par l'habitude, des
» traits les plus réguliers deviennent moins

» séduifans, & les traits les moins parfaits
» deviennent moins rebutans. L'efprit ac-
» quiert toujours quand la beauté perd. Un
» homme d'efprit, qui peut parvenir à fe
» faire écouter, eft bientôt fûr de plaire.
» L'efprit fe multiplie, fe diverfifie, c'eft
» un aimable Prothée : mais toutes les for-
» mes fous lefquelles il fe montre, n'ont
» rien que d'attrayant. Bien mieux, il a
» tous les avantages de la beauté & n'en a
» pas les inconvéniens : en voici la preuve ;
» il n'allarme point la pudeur. Une jolie
» femme, en écoutant cet homme laid,
» mais ingénieux, fe dit à elle - même : je
» ne l'aime pas, je m'en amufe. On fe défie-
» roit d'une jolie figure. On croit fon cœur
» tranquille, parce que les yeux le font ;
» mais pour un fens indifférent, tous les
» autres s'intéreffent. Comment finit - on ?
» l'efprit triomphe. Les yeux de l'amante
» fe mettent de la partie : ils prêtent des
» charmes à l'objet aimé. Il eft rare qu'un
» homme d'efprit n'ait point les yeux pleins
» de feu ; on y embrafe les fiens. On ne voit
» bientôt de lui que fes yeux.

   » Si les plaifirs que procure l'efprit font
» fupérieurs à ceux que donne la beauté ?
» c'eft une queftion facile à décider. Les
» traits de la beauté la plus accomplie font

» les mêmes aujourd'hui qu'ils étoient hier.
» L'esprit invente chaque jour quelque plai-
» sir nouveau. La volupté sous ses doigts est
» plus délicate, sur ses levres est plus riante,
» dans sa bouche est plus éloquente, dans
» ses gestes est plus élégante, dans ses regards
» est plus enflammée. Que d'expressions ten-
» dres ! que de noms jolis & flatteurs ! que
» de sermens séducteurs ! que d'éloges atten-
» drissans ! il dit les mêmes choses qu'il disoit
» hier ; mais il les dit différemment : ce sont
» encore les mêmes sermens ; mais le tour,
» l'expression & le sentiment sont si diffé-
» rens, qu'ils n'ont de semblable que le
» charme qui s'y trouve. L'esprit ne se res-
» semble jamais plus que lorsqu'il paroît se
» ressembler le moins.

» Que conclure de ceci, Messieurs ? Le
» voici : c'est que si mon empire sur les
» cœurs n'est point plus puissant que celui
» de la beauté, au moins doit-on m'accor-
» der qu'il est plus durable. Je n'envie point
» à la beauté l'encens & l'autel qui lui
» sont consacrés. Je demande que mon autel
» soit à côté du sien. Qu'arrivera-t-il ? les
» amans brûleront également leur encens
» sur tous les deux. Ma partie adverse leur
» donnera des graces, je leur apprendrai à
» en user. Je ne refuse point de brûler quel-

" ques grains d'encens, fur l'autel de Ma-
" dame, mais que l'hommage foit récipro-
" que. Que la Déeffe de la beauté & le
" Dieu de l'efprit fe careffent mutuellement :
" ce fera pour les mortels une leçon. Les
" jeunes beautés apprendront que l'amant
" le plus aimable eft l'amant ingénieux, &
" que les plaifirs les plus attrayans font ceux
" que l'efprit procure. Beautés, trop fûres
" de vos charmes, vous apprendrez à crain-
" dre pour rivales les femmes fpirituelles.
" Leur empire eft moins prompt, mais plus
" durable. Vous enivrez les cœurs : mais
" toute ivreffe ceffe : elles les enchaînent,
" & chaque jour elles fçavent refferrer les
" fers qu'elles donnent. "

L'efprit fe tut alors. Toutes les voix fe
réunirent pour lui. La beauté fut condam-
née à voir l'autel de l'efprit à côté du fien,
à lui rendre tous les hommages qu'il lui
rendroit. Dès ce jour l'efprit à Paphos eut
autant & plus de droits que la beauté. Mille
amans venoient demander, non pas la beauté,
mais de l'efprit. Ils en étoient bien récom-
penfés. Mille mamans trompées, mille
rivaux écartés étoient autant de preuves de
la puiffance de l'efprit.

On ne trouva de contraire à ce reglement
que cette claffe d'hommes & de femmes,
qui,

qui, fans avoir d'attraits, n'ont aucun efprit. Il fut décidé qu'elle ne tiendroit à l'humanité que pour la fervir. On délibéra long-temps pour nommer fon efpece, fans le pouvoir. On fut même jufqu'à croire qu'ils n'étoient d'aucun fexe.

DISSERTATION

SUR LA LITTÉRATURE.

CE n'eſt pas ſur la Littérature comme ſcience que j'écris aujourd'hui ; c'eſt comme état, comme formant un corps, qui ſeroit dans tout Royaume le plus reſpectable & le plus reſpecté, ſi tous les membres qui le compoſent ſçavoient ce qu'ils doivent au titre qu'ils ont l'honneur de porter, & au genre de vie qu'ils ont eu la hardieſſe d'embraſſer. Quand je vois d'un côté des hommes auſſi mépriſables que mépriſans ne parler que d'un ton protecteur de cette claſſe de citoyens qui conſacrent leurs jours à l'étude des ſciences, & de l'autre un nombre infini de ces mêmes citoyens juſtifier en quelque ſorte les dédains dont ils ont à ſe plaindre par l'imprudence atroce avec laquelle ils conſpirent les uns les autres ; je ne puis m'empêcher pour me rendre compte à moi-même des raiſons d'un choix, qui juſqu'ici m'a tant donné de droit à ma propre eſtime ; je ne puis m'empêcher de préſenter un tableau de l'état du Littérateur, qui

apprenne aux premiers quelle est la valeur
intrinseque de ce qu'ils dédaignent, & aux
autres quelle faute ils commettent en expo-
sant à des mépris injurieux le genre de vie
le plus noble, le plus digne d'honorer l'humanité. Cet écrit est un tribut de ma reconnoissance pour cet état, à qui je dois des
plaisirs si purs, & sur-tout si indépendans.
Il offre à mes yeux une supériorité si frappante, que je ne puis comprendre comment
il ne jouit point dans toute l'Europe des
mêmes prérogatives dont il jouit à la Chine.
Depuis un demi-siecle sur-tout la Poésie est
à peine supportée. Le titre de Littérateur
ne donne plus de droit à cette considéra-
tion distinguée dont ont été récompensés les
sçavans du dernier siecle. Je ne sçai si on a
fini par les craindre ; mais on a eu l'art de
les tourner en ridicule ; stratagême, qui dans
une nation telle que la nôtre ne pouvoit
manquer de réussir. On les peint sous des
traits qui les dégradent. Le nom de Poëte
est presque une injure : le Monde littéraire
n'est regardé que comme un peuple de fainéans occupés de donner un corps à des
chimeres, & se perdant par folie dans les
rêves d'une imagination déréglée.

Je pense avoir trouvé la véritable cause
du dédain que les Grands affectent pour les

Littérateurs. L'homme craint toujours des
témoins éclairés, qui, s'ils n'ont pas le pouvoir de punir ſes vices, ont au moins celui
de les peindre avec les couleurs qui leur
ſont propres. D'ailleurs l'homme d'Etat ,
quoiqu'il en diſe , eſt rival-né de l'homme de
lettres pour le génie. Tous deux ont la
gloire pour récompenſe, & le public pour
juge ; tous deux ſeront cités au tribunal de
la poſtérité ; & *Céſar* , maître du monde ,
n'eſt jugé que ſur ſes actions, comme *Virgile*
ſur ſes écrits. Mais combien le projet de ſe
faire un nom eſt plus facile à exécuter pour
un Grand , que pour un Littérateur ! En
gouvernant le monde , de grands changemens ſuppléent à de grandes entrepriſes.
Quand on peut tout ce qu'on veut, il eſt aiſé
de vouloir faire du bruit ; il eſt bien plus
aiſé encore d'en cacher les cauſes. Tels autrefois ces Prêtres qui vendoient leurs oracles, laiſſoient ignorer & les tuyaux d'airains,
& les baſſins réſonnans où ſe rendoient les
voix humaines qui prononçoient les répon-
ſes, & que les ſuperſtitieux croyoient être
la voix des Dieux. En fait de Machiniſ-
tes , on ne ſçait jamais ni ce qu'on doit
croire , ni ce qu'on croit voir ; un peu de
poudre forme des éclairs ; un peu de peinture groſſit aux yeux des palais qui ne ſont

que de carton. Je pourrois ajouter que dans tout état, où fouvent on ne voit qu'un peuple de grenouilles, le bruit d'un foliveau fuffit à imprimer la crainte & le refpect. On ne veut donc ni d'incrédules, ni de curieux, & malheureufement pour eux, les Littérateurs paffent pour avoir ces deux caracteres.

Tant que notre climat fut pauvre en hommes de génie, on commença par accueillir tous les Commentateurs. Ils étoient des voyageurs infatigables, qui conduifoient leurs lecteurs à travers des déferts, & des pays arides; mais où de temps à autres on rencontroit des ruines curieufes, où l'on trouvoit des marbres dont les infcriptions éclairciffoient l'Hiftoire de l'Antiquité.

Quand ces laborieufes recherches eurent dégroffi la maffe des efprits, les Traducteurs enrichirent une langue pauvre par elle-même, des richeffes des deux langues auffi immortelles que les deux peuples qui les avoient parlé. Bientôt enfin on commença à vouloir mériter d'être traduit à fon tour. *François I.* combla de biens le naïf *Marot.* Une Princeffe aimable, en préfence de toute fa Cour, payoit d'un baifer voluptueux les jolies chofes qu'avoit dit la laide bouche d'*Alain Chartier. Amiot* fit une fortune rapide;

& *Ronfard*, ami d'un jeune Roi, eut l'honneur d'en être recherché, & d'être plus d'une fois le fujet de fes vers, & de fes éloges.

Dès que le Génie parut déployer fa grandeur, on vit l'Homme d'Etat répandre l'or *dans la bourbe de l'eau où s'humectoit la canne de Colletet*, & perfécuter le grand *Corneille*. On a traité les littérateurs, comme on traite les enfans. Tant que l'homme eft encore à la lifiere, on le careffe, on le prévient, on lui trouve des graces à tout, on lui pardonne tout. Dès qu'il acquiert des forces, on le met fous la férule ; il lui faut une permiffion pour parler, & pour penfer dans les cercles ; on craint fes yeux, parce qu'on fçait que rien ne lui échappe, & qu'on a intérêt qu'il ne juge de rien. Sa fphere alors devient plus étroite que le cruel berceau qui lui fervit de prifon dès fa naiffance. Alors la ftupidité, fous prétexte de prendre foin de fon heureufe conformation, le rendoit difforme, captivoit fes forces, & le forçoit de croître dans un fens contraire à celui que la nature eût donné à fes membres. Son fort redevient femblable ; & trop fouvent fa feconde enfance juftifie & le berceau, & la main qui l'y enchaîne.

Pour donner une idée plus avantageufe de

l'état de littérateur, il suffiroit, selon moi, de bien développer deux vérités évidentes. La premiere est que la force de génie qu'il exerce, est de beaucoup supérieure à celle que demandent les autres différens états ; je n'en excepte aucun. La seconde, que ceux qui l'ont cultivé ajoutent à la gloire d'avoir éclairé l'humanité, celle de n'en avoir jamais causé les malheurs.

L'art Militaire dont la gloire semble effacer toutes les autres, fait rougir le Philosophe. L'homme dans les combats, plus féroce que les tygres, plus sauvage que les ours, déchire, écrase son semblable, sans avoir contre lui aucun sujet de ressentiment, sans espoir d'aucun autre intérêt que celui de se faire égorger, pour ne pas mourir de famine. Des milliers de fanatiques se croient les arbitres du monde, & ne voient pas que leurs habits variés, pour la forme, sont dans le fait des habits de livrée qui annoncent leur servitude, en ce qu'ils les forcent de se souvenir que leur vie répond de la parole qu'ils ont engagée à leur maître. Le héros qui fait mouvoir d'un clin d'œil ces machines meurtrieres, est souvent lui-même un automate dont le hazard de la naissance fait le mérite ; qui souvent opposé à un automate, n'a de supérioté que celle qu'il doit à l'ignorance de fon adverfaire. En le fuppofant un génie éclairé, il n'en eft pas moins vrai de dire, que les fautes de fon ennemi font fes fuccès, & que ne pouvant jamais exécuter tout par lui-même, l'intelligence des officiers, la bravoure des foldats, le concours des circonftances, décident fouvent des actions les plus importantes. Si l'on fupputoit alors ce que chaque caufe feconde peut revendiquer de part dans les lauriers qu'une victoire vaut aux guerriers, on verroit que la couronne du Général feroit peut - être fouvent moindre que celle d'un particulier modefte, dont le bras a quelquefois réparé un défaut de prudence que s'étoit permis la tête de ce corps immenfe, qui ne caufe jamais plus de défordre dans la nature, que lorfqu'il eft lui - même bien ordonné.

Les travaux de l'Homme d'Etat ont un objet différent, mais offre un fujet aux mêmes réflexions. Pour rendre un Etat heureux, il s'agit peut-être moins d'innover, que de corriger les anciens principes de gouvernement. Le génie créateur contribue moins à la félicité des peuples, que le génie d'économie. Le miniftere du Cardinal de *Riche-lieu* fut plus brillant, mais moins patriotique que celui de l'économe *Sully*; & les fougues guerrieres du bouillant *Louvois*, empêcherent toujours que ſes concitoyens ſe reſſentiſſent des travaux pacifiques, mais économiques du ſage *Colbert*.

Je croirois compromettre la gloire des lettres que j'ai l'honneur de cultiver, ſi j'en comparois l'état à celui de ces *Midas*, qui ne ſçavent que compter, & pour qui la Patrie n'eſt qu'une *éponge à preſſer au beſoin*. Le ſeul état qui pourroit balancer la nobleſſe de celui de littérateur, eſt celui de Magiſtrat : état auguſte, qui eſt, à proprement parler, celui des Rois, puiſque les premiers Monarques furent plutôt des Peres de familles, que des guerriers.

Les hommes eurent des légiſlateurs avant d'avoir des Généraux ; les diſtinctions du *mien* & *tien* n'armerent point dès leur naiſſance les freres contre les freres, & les enfans contre leurs peres. Ces crimes ne commencerent que lorſque l'idée de la propriété eut échauffé les eſprits. Alors il fallut s'égorger avec art, & le plus heureux aſſaſſin fut le plus grand homme, & bientôt le plus puiſſant ; alors la premiere fonction des Monarques fut éclipſée par la ſeconde. Le glaive de *Thémis* & celui de *Mars* ne purent tenir dans la même main ; il falloit les quitter tour-à-tour l'un pour l'autre. Cette néceſſité fit créer par les Princes des Magiſtrats

nommés pour les préfenter : création auffi
augufte que la royauté même, mais qui dégé-
néra bientôt, parce qu'elle devint vénale.
La multiplicité des codes, la contrariété des
commentaires, la variété des jugemens, les
fubterfuges de la mauvaife foi rendirent la
Jurifprudence un labyrinthe affreux qui ren-
ferma le plus terrible des monftres, la Chi-
cane. La longueur des procédures, la mor-
gue des juges, leur lenteur, leur defpotifme,
leurs foibleffes, leur infenfibilité compromi-
rent plus d'une fois une autorité qui n'étoit
qu'un dépôt. Il fallut folliciter, languir dans
l'attente d'une audience infuffifante par fa
briéveté, rebutante par fa publicité ; on finit
enfin par craindre plus la juftice que la mauvaife foi de fon adverfaire ; l'état le plus
augufte ne ceffa point d'être noble, mais
d'être exercé noblement.

D'après ces principes inconteftables, on
peut conclure que l'homme de lettres eft
grand par fes propres talens, fans rien devoir
jamais aux fautes de fes rivaux ; que fa gloire
eft d'être créateur, & que cette gloire ne
coûte jamais de larmes ou de fang au genre
humain. Mais fi l'on ajoute à cela la réflexion importante, que prefque tous les Poten-
tats de l'Europe ne doivent aujourd'hui la
tranquillité dont ils jouiffent fur leurs trô-

nes, qu'aux écrits des Philosophes littérateurs dont les leçons ont éclairé les peuples,
& réfuté les odieuses prétentions des Despo-
tes ultramontains ; alors on regardera la littérature sous un autre aspect , & l'on avouera
qu'un état qui est en même - temps de tous
les états le plus innocent & le plus sublime,
est par conséquent le plus noble.

Mais quand je me suis bien persuadé de
cette noblesse, puis-je m'empêcher de déplo-
rer le sort d'une condition digne de l'homme, & qu'on semble prendre à tâche d'avilir ? Le peu de fortune des littérateurs, leurs
loisirs eux-mêmes sont des objets de raille-
ries: Hommes insensés, si dans tous les états
de la vie, le desir de la gloire, le goût d'une
aimable médiocrité, la haine d'un luxe fas-
tueux inspiroient les citoyens, on n'entendroit
pas chaque jour les gémissemens de tant de
malheureux écrasés sous les pieds d'airain
de la despotique opulence.

Je crois que les hommes publics, & ces
enfans de la littérature qui ne sucent le lait
de leur mere, que pour acquérir des forces
afin de déchirer le sein qui les a nourris ;
je crois, dis-je, que ces deux sortes d'êtres
n'asservissent ou ne maltraitent le littérateur,
que parce qu'il n'a point comme l'artisan,
un privilège qui l'associe à un corps de com-
munauté ; privilège qu'il faudroit acheter,

& qui lui feroit partager les charges publiques auxquelles eſt impoſé le corps dans
lequel il entreroit. Les premiers les regardent comme des eſclaves rebelles, qui, par
un état indépendant, oſent ſe fouſtraire aux
contributions ſur leſquelles l'homme public
a toujours un droit premier. Les ſeconds,
en ſe parant du zele de patriotes, diſent avoir
droit d'immoler des prétendus Egoiſtes, qu'on
ſuppoſe ne vivre que pour eux-mêmes, &
ſurcharger l'Etat au lieu d'y apporter leur
tâche de travail réel, en ne s'occupant qu'à
épier les fautes de ceux qui le gouvernent.

Il s'enſuit de-là que l'homme de lettres
ſe voit également diſputer & ſa tranquillité
& ſa réputation. Fait-il des portraits généraux ? on y fabrique une clef toujours
odieuſe, toujours appliquée aux amis mêmes du littérateur, afin de le repréſenter
comme un homme dangereux dans la ſociété.
Fait-il des remarques ſur la partie des ſciences qu'il cultive ? on traite ſes obſervations
de libelles. Tel homme dont l'état eſt de
médire pour vivre, & de calomnier pour
briller, donne le ſignal du combat contre
l'obſervateur paiſible, qui a fait des cita-
tions, parce qu'il falloit indiquer des exemples ; mais qui ne s'eſt jamais permis de critiquer ſur les mœurs de perſonne ; parce qu'il

fçavoit que fi on avoit le front de nommer
libelles fes obfervations littéraires, il ne
devoit jamais récriminer, & que c'eft ordinairement ceux qui déclament plus pour les
mœurs, qui en ont de plus vicieufes.

Ainfi l'état qui devoit être le plus paifible, & faire le plus d'heureux, entraîne
avec lui le plus d'amertume & de difgraces. Les uns s'informent toujours du nom
de l'Auteur, & fi vous n'êtes point fur la
lifte de leurs protégés, l'ouvrage qu'ils n'ont
pas lu eft déteftable : dans leurs pefantes cri-
tiques, ils trouvent le fecret de rendre vos
penfées pitoyables, c'eft de tourner en lourde
profe les faillies d'une poéfie légere. Leur
ton bruyant en impofe ; leurs froides plai-
fanteries font applaudies, répétées, recueil-
lies par la ftupidité & par l'envie. Les autres
vils délateurs de leurs amis, gagiftes nécef-
faires de cette prétendue politique, qui épie
tout, qui jette fur tout le voile du myftere
& du filence, parce que trop de chofes doivent craindre le grand jour & la force de
la vérité, vont répandre l'allarme contre des
obfervateurs philofophiques, dont la premiere des vertus eft d'acheter au prix de leur
repos & de leur fortune le bonheur d'éclai-
rer la crédulité qu'on abufe pour fe ménager
des Seïde au befoin, & de venger l'huma-

nité en couvrant le fein des Zopire du bou-
clier de la philofophie. Ainfi deux genres de
perfécutions fe réuniffent. Celle d'une critique amere indigne fouvent de tout honnête
homme, & celle d'une inquifition baffe &
frauduleufe, foutenue en fecret par le pouvoir qu'ils flattent fans ceffe. Que de dangers, que de dégoûts à la fois! mais n'importe. Génies céleftes, ames magnanimes,
que la nature a formés avec complaifance,
n'héfitez point pour cela à choifir un état,
où les difgraces qui pourroient vous effrayer,
ne font rien pour ceux qui méritent de les
braver. Quand on n'eft point au-deffus des
peines, on eft au-deffous des récompenfes.
Si vous êtes jeunes encore, fi l'envie cherche à vous écarter de la lice où vous devez
courir, oppofez la modération à fes efforts;
dédaignez les vils déclamateurs. Que peuvent contre vous leurs inutiles imputations?
Si vous êtes nés avec de véritables talens,
l'envie ne parviendra jamais à les étouffer.
Jafon n'eut-il pas des monftres à combattre
avant de conquérir la Toifon d'or? L'emblême des Héros, qui avant de paffer dans
l'Elifée, entendoient les horribles hurlemens
de Cerbere, n'eft-il pas le portrait de tout
homme né avec des talens, qui avant d'entrer au temple de la Gloire, eft forcé d'en-

tendre les vils aboyemens des Zoïles , qui en afliégent les portes ? Une remarque que j'ai toujours faite , qui toujours a foulagé ma fenfibilité , & que j'écris ici pour les ames fufceptibles de ces chagrins fecrets, dont toute notre raifon ne parvient point à nous défendre , c'eft que dans tous les états les ignorans font les plus audacieux ; & qu'il femble que la nature donne en méchanceté aux êtres qu'elle rabaiffe , ce qu'elle donne en talens à ceux qu'elle fe plaît à élever.

Mais vous , hommes heureux & célebres, dont la grandeur eft enfin parvenue à forcer l'envie à fe taire fur vos talens, & qui n'avez plus à redouter que ce que la calomnie peut répandre fur l'ufage que vous en faites , dédaignez de répondre à des accufations odieufes , qui ne peuvent parvenir jufqu'à vous. N'êtes - vous point femblable à tout obfervateur paifible, qui fur le fommet des Alpes verroit fe former fous fes pieds un orage affreux ? Les éclairs & les fifflemens du tonnerre effrayeroient les reftes des mortels : pour eux l'air feroit obfcurci ; des vapeurs fulphureufes leur rendroient la refpiration difficile. Lui feul fpectateur tranquille , refpireroit fous une atmofphere pure & bienfaifante : le ciel pour lui feroit fans nuages : & fon ame remplie d'une paix inaltérable jouiroit de toutes ſes facultés, tandis que la terreur & l'effroi en priveroient le reſte des humains.

Si quelqu'un en liſant ces obſervations ne voyoit point quel peut être mon but en les écrivant, s'il taxoit d'inutilité cette diſſertation, je lui réponds, qu'au lieu d'attaquer directement ou les écrits injurieux, ou les cabaliſtes mercénaires qui deshonorent la littérature, ou qui rendent pénible l'état de littérateur, j'ai cru devoir pour me rendre compte à moi-même du choix que j'ai fait, pour enhardir les jeunes candidats, expoſer tout ce qu'a d'honorable en ſoi un état digne de la vénération du monde entier. J'ai dû prouver qu'on ne cherche à l'écraſer dans ce ſiecle, comme le principe d'une ſecte dangereuſe, que l'on ſuppoſe devoir redouter, que parce qu'elle cherche à rendre communes à tous les hommes ces connoiſſances des droits de la nature, violés ſi long-temps, & toujours trop ignorés ou trop combattus.

Trop de littérateurs malheureuſement ſemblent ſe faire une gloire d'avilir l'état qu'ils ont embraſſé. La concorde devroit être la religion premiere de cette république ſi reſpectable en elle-même. Mais depuis quelque temps un ſchiſme affreux diviſe les opinions

nions , & verfe dans les cœurs tout le fiel
que les efprits diftillent. Les hommes intéreffés au fyftême d'écrafer un corps que l'on
croiroit trop puiffant, fi tous fes membres
étoient bien unis entre eux, profitent de la
faute que les littérateurs commettent en cela,
pour les rendre ridicules : ils les immolent
à leur politique, après les avoir immolés à
la malignité publique. C'eft une obfervation
qu'on ne peut trop montrer aux littérateurs
dans tout fon jour. En écrivant je remplis
deux devoirs : le premier, de prouver aux
hommes de lettres ce qu'ils doivent à leur
état lui-même, en leur détaillant tout ce
qu'il a de noble ; le fecond, de prouver aux
ennemis puiffans qui les attaquent, & aux
vils miniftres qu'ils foudoyent , quelle eft
leur ingratitude d'ofer dédaigner des hommes fupérieurs à eux en tout, bienfaicteurs
de l'humanité, & qui joignent le mérite des
vertus morales à la gloire des talens de
l'efprit.

Si l'on étoit étonné que j'aie pris fur moi
le foin de défendre la littérature confidérée
fous cet afpect, tandis que perfonne n'entre-
prend de plaider fa caufe, & de reclamer
fes droits en ce genre ; pour faire ceffer
cet étonnement, je profeffe ici que perfonne
ne peut avoir plus de refpect pour l'état que

j'ai embraffé, que je n'en ai moi - même.
Heureux, fi je pouvois infpirer le même en-
thoufiafme à tous les hommes. Ceux qui le
cultivent feroient plus fcrupuleux à ne rien
hazarder qui pût compromettre un corps fait
pour être la bouffole de ce vaiffeau, dont
les Pilotes ont erré fi fouvent, ont réparé
leurs naufrages par d'autres, ont enfin excité
trop de fois eux - mêmes les orages qui les
ont prefque fubmergés. Ces Pilotes eux-mêmes confulteroient plus docilement leurs
guides. Ils ne puniroient pas leurs avis comme des outrages. Je croirai avoir réuffi beaucoup, fi après la lecture de ce difcours, je
gagne à la littérature un feul homme de goût,
que les difficultés, ou les farcafmes euffent
dérobé aux charmes qu'elle répand fur la
vie de ceux qui font dignes de les favourer;
fi enfin un feul homme en place, perfuadé
du mérite intrinfeque d'un état, qui peut
donner tant de légiflateurs, fe fait une gloire
de le défendre contre fes ennemis, & de
joindre en fa faveur aux armes que la raifon lui prête, celle de l'autorité fuprême
dont il ne peut qu'honorer les décrets.

*Je joins à cette Differtation, une piece de vers
fur le même fujet: elle trouve ici naturellement fa
place, & l'on ne peut trop infifter fur les avantages
d'un état que l'on ne cherche que trop à rabaiffer.*

ÉPITRE

A UN JEUNE HOMME,

Que l'on suppose héfiter sur le choix d'un état.

LE Dieu dont l'Amour même implore la puiffance,
Ce Dieu qui fur les cœurs regne par l'éloquence,
Dont la voix des mortels brife ou forme les fers,
En un temple aux beaux Arts change cet Univers,
Dont le feu créateur fomente dans nos ames
Les germes des talens fécondés par fes flammes ;
Le Dieu du Pinde enfin daigne par fes bienfaits
Promettre à vos travaux les plus heureux fuccès,
Arifte : & votre cœur infenfible ou rebelle
Craint encor de s'ouvrir au bonheur qui l'appelle.

Quel autre bienfaicteur plus grand, plus généreux,
Par un plus cher efpoir peut furprendre vos vœux ?
Que vois-je ! le Dieu Mars te couvre de fes armes :
L'Amitié, la Nature, & l'Amour en allarmes,
Rien ne peut t'émouvoir. Arrête... Tu me fuis :
Penfes-tu m'echapper : ingrat ! non ; je te fuis.
Quel démon t'infpira ces fureurs meurtrieres ?
Que t'ont fait ces mortels : barbare, ils font tes
                                  freres.
O fpectacle effrayant ! des fers étincellans,
Des vieillards égorgés, des cadavres fanglans !

Cruel ami, de sang comme ta main est teinte!
La nature éplorée, & l'humanité sainte
Vont donc joindre ton nom à ceux de leurs bour-
                                                    reaux ;
Tu pouvois être un sage, & tu n'es qu'un héros.
Mais quel coup est frappé : tu succombes toi-
                                                    même :
Monstres, rendez-le moi : rendez-moi ce que
                                                    j'aime.
Oui, le ciel s'intéresse au sort de mon ami :
Il veut changer son cœur ; il l'aime... il l'a puni.

Enfin, le temps, mes soins ont guéri ta blessure.
Aux autels d'Apollon, viens que ton cœur abjure
Un choix dont ma tendresse a trop long-tems gémi,
Dont le monde a souffert, dont toi-même as rougi.
Que fais-tu ? quelle erreur & t'égare & t'entraîne
Mais je ne croirai point payer de trop de peine
Le céleste plaisir de créer ton bonheur,
Si mes goûts sont enfin adoptés par ton cœur.

Où vas-tu? dans ces lieux qu'avec toi je contemple,
Pourrois-tu d'Apollon reconnoître le Temple ?
Vois-tu ce nombre affreux de mortels égarés,
Livides, furieux, par la faim dévorés ?
L'entends-tu ! nuit & jour ces malheureux gémis-
                                                    sent.
Des cris de l'orphelin ces voûtes rétentissent :
Le glaive de la mort est sans cesse étendu

Pour venger le coupable , & frapper la vertu.
Un monstre , enfant du crime , effroi de l'inno-
cence ,
Emprunte de Thémis les traits & la balance.
Il pese en même-temps & l'or & l'univers :
Et ce même or bientôt sert à peser nos fers.
Fuyez , ô mon **ami** , cette enceinte fatale :
Oui , la loi même y rend la vérité vénale.
Envain votre équité combattroit ces abus ,
On y compte les voix & non pas les vertus :
Vos efforts hâteroient les maux de la victime ;
Ah ! fuyez , suivez-moi : quand on commet un
crime ,
Ariste , c'en est trop pour un cœur bienfaisant ,
D'en paroître complice en y restant présent.

L'honneur te parle : enfin mon amitié respire...
Mais répons: à mon cœur qu'annonce ton sourire ?
Ce billet qu'à l'instant on remet dans tes mains ,
Te rend-il à toi-même, au bonheur, aux humains ?
Tu veux que je le lise ! Ah ! donne : ma tendresse
Fait du bonheur d'autrui sa premiere richesse.
J'ai lu ! quoi ! mon ami , me causer cette erreur !
Votre joie imprudente aviliroit mon cœur.
On vous offre,il est vrai,pour trahir ma prudence,
Une place à la cour , un rang dans la finance.
Allez donc , vil esclave , au joug abandonné ,
Baisser ce front qu'un Dieu lui-même a couronné.
Du génie étouffez les élans & la flamme :

R iij

Oubliez que le ciel vous avoit fait une ame,
Être immortel, sublime, actif comme le feu,
Indépendant sur-tout, même aux pieds de son
       Dieu.
Allez, lâche, jouer des caprices d'un maître,
A l'intrigue, au mépris prostituer votre être.
Mais sur mon cœur enfin tous vos droits sont per-
       dus ;
N'en croyez point mes pleurs... je ne vous connois
       plus.

Vous vous troublez, Ariste ! Eh-bien ! le dois-je
       croire ?
Ton cœur à mes conseils céde-t-il la victoire ?
Tu ne me réponds pas... je vous entends... quel
       choix,
Homme foible !... est-ce ainsi que l'honneur a
       des droits ?
Sur le char radieux de l'altiere opulence,
Voulez-vous faire asseoir avec vous l'insolence ?
Tandis que la mollesse, idole des Crésus,
Bercera vos ennuis dans les bras de Vénus,
Un peuple de brigands aussi fiers que sauvages,
Iront en votre nom exercer leurs ravages
Dans ces champs désolés, où le cultivateur
Dispute ses enfans, son pain à leur fureur.
Regardez, mon ami, cette mere tremblante :
Sa famille avec elle à vos pieds suppliante
Vous redemande un pere, un épour leur appui.
Il gémit dans les fers ; ils meurent tous sans lui...

Levez-vous, malheur eux?. Banniffez vos allarmes :
Des yeux de mon ami voyez couler des larmes.
Tu pleures, cher Arifte. Ah ! tu n'étois point fait,
Puifque j'ai pu t'aimer, pour commettre un forfait.

Que cet élan facré de ton ame attendrie
Sera cher à mon cœur.... Il nous réconçilie.
Ne tarde plus : mérite un fort délicieux :
Le Dieu des Arts, ami, vaut tous les autres Dieux :
C'eft pour notre bonheur que fes loix nous fou-
        mettent;
Il le lui donne lui feul, les autres le promettent.

Tu ne veux point fans doute, hypocrite impofteur,
Entre l'homme & le ciel être médiateur,
Confondre, en abufant le frivole vulgaire,
Avec les droits du Dieu ceux de ton miniftere;
Et pour être payé former pour nous des vœux,
Démentis chaque jour par nos plaifirs honteux.

Viens, cher Arifte : entrons dans ce temple où la
        Gloire
Confacre à nos travaux les plumes de l'Hiftoire.
Quel éclat ! quel air pur on refpire en ces lieux !
Vois-tu de tous côtés ces grouppes précieux
De chefs d'œuvre divers, de monumens auguftes ?
Ici comme les Dieux tous les mortels font juftes.
Les talens font ici les organes des loix :
Au tribunal du cœur on appelle les Rois;
L'éloquence y combat l'hydre du fanatifme,

Et les excès affreux de l'altier despotisme ;
L'horreur qu'inspire ici la superstition,
Est le dogme premier de la religion :
Et les feux créateurs que lance le génie,
S'allument au flambeau de la Philosophie.

Quel spectacle divin présentent ces mortels,
A qui Rome profane eût dressé des autels ;
De leur front radieux la majesté charmante
Rend leur silence même une leçon touchante :
L'univers attendri soupire à leur aspect,
Célebre leurs bienfaits, & pleure de respect.
Jamais d'ambition, de crime ou d'avarice :
Tout ce qui n'est point pur, à leurs yeux paroît vice.
Ils ne connoissent point ces mensonges du cœur,
Alliages impurs de décence & d'erreur,
Qui rendent un mortel, que leur ivresse agite,
Criminel sans remords, vertueux sans mérite.

Ariste, on te dira que ces hommes fameux
Sont en secret rampans, vains, foibles, orgueilleux ;
Que rompant tous les nœuds que l'estime resserre,
Ils se sont fait souvent une cruelle guerre.
Oui, souvent des ingrats, trop amis des forfaits,
Contre le Dieu leur maître ont tourné ses bien-
                    faits ?
Mais le serpent se mêle aux fleurs les plus chéries :
Quelle religion n'eut point ses hérésies ?
Eh ! qui consoleroit le reste des humains,

De voir d'autres mortels jouir de droits divins ;
Si par l'ordre du ciel, quelquefois leur fageffe
Ne payoit un tribut à l'humaine foibleffe ?

O mon ami, depuis que tu parcours ces lieux
Le Dieu paffe en ton fein, il anime tes yeux :
Ah ! ne réfifte plus, cede au feu qui t'embrafe :
Les arts ont leurs tranfports, leur amour, leur
extafe.
Le génie a fes fens, hâte-toi de jouir :
Arifte, la vertu n'eft jamais fans plaifir.
Sur les genoux du Dieu viens partager fon trône :
Les fleurs naiffent pour toi : mérite leur couronne ;
Heureux, indépendant, éclairé, vertueux,
Savoure des plaifirs plus purs que faftueux :
Tu vas regner, Ami : la gloire eft ton partage :
La palme des beaux arts eft le fceptre du fage.

PROJET

DE SOUSCRIPTION.

UN des objets qui a le plus fait d'honneur à notre littérature dans ce fiecle, c'eſt d'avoir uni les charmes de l'eſprit au ſentiment précieux de l'humanité. Le premier éloge que l'on puiſſe faire des grands maîtres de notre âge, eſt d'avoir été à la fois les génies les plus brillans & les cœurs les plus ſenſibles. Ce fiecle fera époque dans l'hiſtoire des vertus morales. S'il eſt à craindre que l'on ne commence un peu à ſoumettre trop le génie poétique au compas de la géométrie, ce défaut des ouvrages d'eſprit eſt bien compenſé par le ton univerſel que l'harmonie philoſophique a donné à tous les cœurs, pour être à l'uniſſon de cette voix pathétique qui crie au fond de nos ames en faveur de l'humanité.

Ce ſentiment ſi précieux, ſi digne d'excuſer ceux qui avec des intentions louables les expoſent d'un ſtyle peu heureux, ce ſentiment dirige aujourd'hui mon eſprit. Un récit ſimple, mais intéreſſant, eſt l'objet de mon travail. Je prête le ſecours de ma plu-

me à un Cofmopolite refpectable, qui pof-
fede un de ces fecrets merveilleux, qui
repofent fouvent au fein de la nature pendant des fiecles entiers, que des milliers de
fçavans ont cherché vainement, & qu'enfin
après bien des générations un hazard heureux, une combinaifon fortuite donnent à
connoître pour le bonheur du monde. Je vais
narrer.

J'étois dernierement chez une de ces femmes céleftes, dont le nombre eft plus grand
aujourd'hui en France, qu'il ne le fût jamais.
Tous les talens s'empreffent non pas à lui
faire leur cour, mais à profiter de fes lumieres. Hiftoire, Poéfie, Mufique, Deffin, goût
du chant, Chymie, Hiftoire Naturelle, elle
cultive toutes ces fciences, parle plufieurs
langues avec agrément; & n'eft fi fupérieure
du côté de l'efprit, que pour le paroître encore davantage, quand en l'écoutant parler,
on ne cherche plus que fon cœur dans fon
efprit. Comme j'étois occupé à admirer la
mâle hardieffe de fon crayon, après avoir
déja payé le tribut d'une émotion délicieufe
aux charmes de la voix du plus beau timbre, & de la plus grande étendue, on annonça un étranger, qu'elle m'avoit promis
de me faire connoître. La Médecine eft l'objet de toutes fes études. Il eft Italien de na-

tion ; & son commerce avec les Muses lui a ôté cet air de finesse, dont on se défie trop souvent dans les personnes du pays où il est né.

Après une demi - heure de conversation ce Médecin me parla d'un secret dont la seule proposition me remplit de cet enthousiasme dont on est affecté subitement, quand on aime avec transport tout ce qui peut ajouter au bien-être de ses semblables. Ce secret est celui de guérir de la rage, mais de la maniere la plus irréprochable. Combien d'infortunés, à qui l'on a été obligé de donner la mort par pitié. Cet homme utile est entré dans tous les détails qui pouvoient prouver la vérité de ce qu'il avançoit. En trois heures son secret agit. S'il arrivoit qu'une personne eût été mordue de quelque animal, qui fût cru enragé, sans l'être cependant, le remede ne feroit éprouver à cette personne aucune sensation, qui pût l'affecter. Dans le cas contraire, il agit sans danger, sans violence. Des expériences réïtérées ont prouvé à son possesseur, combien l'effet en est infaillible.

Une remarque qui m'a paru très - importante, c'est que cet honnête homme assure que dans la composition de ce remede précieux, & cherché depuis si long-temps, il n'entre que les mêmes fimples dont ont fait mention tous les Auteurs qui ont écrit fur ce fujet. Mais chacun d'eux n'en a choifi qu'une ou deux, qu'il a cru devoir amalgamer avec d'autres, étrangeres au mal qu'ils vouloient guérir. Ainfi l'effet des véritables fimples a été combattu par celui des fimples qu'on auroit dû rejeter. Une étude conftante & des expériences nombreufes ont enfin conduit à la combinaifon de toutes celles qui devoient s'unir avec fuccès. M. Cionini, (c'eft le nom de ce bienfaicteur de l'humanité) donne encore une preuve plus frappante de fa véracité, & de fon éloignement pour ce charlatanifme, dont on foupçonne ordinairement en tout genre ceux qui s'annoncent pour poffeffeur d'un fecret, & furtout en médecine. Voici quelle eft cette preuve.

Il avoue n'être point l'inventeur du fecret dont j'expofe ici l'importance. Ce fecret eft depuis très-long-temps dans fa famille. Une longue fucceffion & d'années & d'expériences auffi promptes qu'heureufes, a démontré l'efficacité authentique de ce remede. En Italie, le gouvernement n'achete point le fecret des découvertes intéreffantes pour l'humanité. Chaque homme à qui fes travaux ont procuré une fcience fecrete, la réferve pour lui feul, parce qu'en donnant le mot de fon énigme, fes peines deviendroient in- fruétueufes pour lui.

M. CIONINI a cru qu'en France où plus que jamais on célebre ceux dont les con- noiffances intéreffent l'humanité, fon fecret feroit accueilli, recherché. Mais fans intri- gue, fans connoiffances, incapable de ram- per, il attendoit une occafion de l'annoncer hautement. J'aurois cru manquer au devoir de patriote, fi je n'avois point faifi pour lui cette occafion. Je l'annonce donc ce fecret qui me paroît fait pour fixer l'attention : & je me croirois indigne de mériter les fuffra- ges de mes leéteurs dans les ouvrages de pur agrément que renferme cet ouvrage, fi je n'avois affez bien jugé de leur ame, pour croire les obliger en joignant l'utile à l'agréa- ble.

M. CIONINI demanderoit donc à pou- voir exercer gratuitement fon fecret fur tous les malheureux, que le hazard mettroit dans le cas d'en avoir befoin. Après des épreu- ves bien reconnues, bien conftatées par des perfonnes de l'art, & dignes de la foi publi- que, il croit pouvoir efpérer qu'on fe hâte- roit de lui acheter un fecret, dont on con- noîtroit bien davantage l'importance dans les Provinces, qu'on ne le connoît dans la capitale.

Envain voudroit-on exiger de lui de fou-
mettre la théorie de fon fecret à l'examen
de Commiffaires nommés à ce fujet. Ces
fortes de poffeffions ne peuvent, ni ne doivent fe confier. Comme le fecret s'étend juf-
ques fur les animaux, il eft aifé d'attendre
l'inftant de s'affurer des preuves qu'on peut
defirer; & malheureufement fur les hommes
mêmes, on ne trouveroit que trop d'occa-
fions. Son fecret une fois reconnu pour infaillible, rien de plus jufte, à mon avis, que
de rendre public & commun à tous les habitans de toutes les Provinces un fecours qui
feroit toujours précieux & refpectable, quand
par chaque demi - fiecle, il ne fauveroit la
vie qu'à un feul homme.

Or pour hâter cette publicité, rien de
plus facile, felon moi, qu'une foufcription
volontaire de tous les citoyens de chaque
ville, qui nommeroient pour chacune d'elles un Caiffier; & chaque Caiffier enfuite
verferoit dans la caiffe de celui de la capitale la fomme qu'il auroit recueillie. Comme cette contribution volontaire fe feroit
pendant le cours des expériences de l'homme public, chaque Caiffier auroit foin de
tenir une lifte exacte du nom de toutes les
perfonnes qui auroient contribué, & de la
fomme qu'elles auroient donnée. Le fecret

reconnu une fois pour authentique & imman-
quable, fon poffeffeur donneroit la maniere
de le compofer à l'inftant où le Magiftrat
nommé pour veiller fur ces objets importans, lui feroit remettre la fomme contri-
buée, prix de fes travaux, & gage de la
reconnoiffance publique. Auffi-tôt on feroit
paffer des dofes du remede aux Intendans de
chaque Province, qui en feroient remettre
aux Curés de toutes les Paroiffes de leurs
départemens. Sur une pareille foufcription
je vois deux remarques à faire, l'une quant
au public, l'autre quant aux objets de fa
bienfaifance. Tous les jours on propofe des
foufcriptions pour des ouvrages annoncés
par un Profpectus pompeux, où l'on promet
toujours de ces merveilles plus faciles à
décrire qu'à opérer. Ce font les bâtons flot-
tans de la fable; & cependant on foufcrit.
Trop fouvent le public dupe de fa crédulité
& de l'orgueilleufe emphafe de l'Orateur à
Profpectus, regrette, & fon argent, & la
croyance dont il a honoré un Charlatan,
qui ne lui a donné en échange que des pro-
meffes magnifiques pour un Livre dont l'é-
pigraphe devoit être: *La montagne en travail
enfante une fouris.* Dans la foufcription propo-
fée le public ne récompenferoit rien aveuglé-
ment. Cette lifte que chaque Caiffier tien-

droit

droit des noms des foufcripteurs & de leur tribut volontaire , mettroit dans la poffibilité de rendre à chacun ce qu'il auroit donné , fi le fecret ne fe trouvoit point avoir toutes les qualités requifes & annoncées.

. Ma feconde remarque regarde le poffeffeur du fecret. Des expériences femblables ne l'expoferoient point à confier fon fecret à des hommes qui font fouvent autant fes envieux que fes juges. La partialité n'eft que trop ordinaire dans les décrets de ces commiffions créées pour juger des travaux ou des découvertes annoncées par les fçavans ou par les artiftes. Je lifois dernierement un écrit qui peut fervir de preuve à ce que j'avance. M. JOURDAIN , Dentifte habile , qui joint à une dextérité connue , une théorie de l'art en général , & de fon talent en particulier , qui lui laiffe peu de rivaux à craindre , a préfenté en 1765 à l'Académie de Chirurgie un Mémoire , où après avoir examiné les maladies des Sinus maxillaires , leur nature & les moyens connus pour y remédier, il propofoit une *Nouvelle méthode pour les guérir, en portant les injections dans le Sinus par fon ouverture naturelle.* Plufieurs Académiciens révoquoient en doute la poffibilité de cette opération. Mais on crut devoir s'en rapporter aux expériences pour réfoudre toutes

objections. Un des Académiciens reclama
cette découverte pour avoir été faite dès
1737 par M. son pere ; reclamation qui n'est
revêtue d'aucune preuve, vague dans ses
prétentions, ridicule par le laps de temps
qui s'est écoulé depuis cette prétendue découverte, assez importante cependant pour que
son soi-disant auteur en fît le sujet de Mé-
moires présentés à l'Académie. Il faut voir
dans des *Eclaircissemens essentiels*, imprimés
par M. JOURDAIN à ce sujet, comment on
s'est comporté dans le cours des expériences : l'opposition évidente qui se trouve entre les travaux de M. JOURDAIN, ses cures
déjà opérées, ses expériences réïtérées en
présence de ses confreres, & les expériences faites aux Invalides, en son absence ;
circonstance révoltante, puisque dans un
concours de deux personnes, l'un des deux
concourans a autant de droits que l'autre
à juger de la maniere dont on doit procé-
der à l'examen de la question. J'ajouterai à
ce récit, que M. JOURDAIN fut obligé
encore de prêter ses instrumens ; que l'usage
qui en fut fait, étoit la meilleure réponse à la
reclamation ridicule faite contre cette découverte ; tant on y vit de mal-adresse & de peu
d'expérience dans cette sorte d'opération ,
qui demande pour qu'on y réussisse, de la
pratique & de l'usage.

Cet exemple, que je prends plaifir à citer, parce qu'il me paroît frappant, & d'une nature à mériter quelque retractation de la part de ceux qui y jouent le mauvais rôle, fert à prouver en faveur du projet de foufcription que je propofe pour M. Cionini; & que j'étendrai néceffairement à toute découverte, qui dans la fuite des temps peut honorer ou intéreffer la fociété en général. Je ne me flatte point que mon projet foit revêtu bientôt du fceau de l'autorité publique. Mais je trouve deux avantages dans fa feule expofition; le premier, d'annoncer le fecret de M. Cionini; alors au moins chaque particulier eft en état de juger par lui-même, & d'implorer fon fecours; le fecond, de donner une de ces idées, qui prouvent au moins dans celui qui les détaille une ame fenfible par penchant, & tendre par fyftême. Si quelqu'homme en place donne à la lecture de mes Œuvres mêlées un de ces momens, où les Mufes vont dans le cabinet des Miniftres & des Magiftrats, égayer par leurs accens ou par les fons de leur lyre ces génies accablés fous le fardeau des affaires; peut-être fera-t-il frappé de l'importance de mes obfervations. Je me croirai trop heureux, fi le travail que j'ai confacré à ce récit utile, peut procurer à M. Cionini feulement une cure à opérer. L'infortuné dont cet écrît aura fauvé la vie, fera pour moi, fans que je lè connoiffe, l'objet de cette fatisfaction pure, que l'on éprouve, lorfqu'on peut fe dire à foi-même; le bien qui s'eft fait, eft arrivé par moi. S'il étoit poffible, s'il étoit vrai, que chacun des morceaux de Poéfie qui compofent ce Recueil, pût mériter les fuffrages de mon lecteur; je renoncerois dans une fuppofition auffi flatteufe à tout ce qu'elle a de glorieux, pour voir M. Cionini accueilli d'après mes obfervations; & l'intérêt de cet amour-propre fi puiffant fur un cœur dont la gloire eft la premiere maîtreffe, céderoit fans peine tous fes droits, à ce fentiment intime, qui m'affureroit que les fuccès d'un homme refpectable, & d'un fecret utile au genre humain, feroient le fruit de mon zele, & l'ouvrage d'un écrit confacré par moi au bien public.

La demeure de M. Cionini eft rue des Vieux-Auguftins, vis-à-vis l'Hôtel de Touloufe.

Fin des Variétés littéraires.

ŒUVRES MÊLÉES.

LIVRE CINQUIEME.

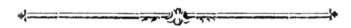

CHANSONS.

LES BIENFAITS DE L'AMOUR.

CHANSON.

AIR: *Ça fait toujours plaifir.*

L'AMOUR fait de nos ames
Le plus parfait bonheur :
Enfans, c'eft par fes flames
Qu'il forma votre cœur.
A quinze ans on l'adore ,

S iij

A trente on en ſçait jouir :
Vieux, on en parle encore ;
Ça fait toujours plaiſir.

✦✦✦

Point d'état dans la vie
Qu'il ne puiſſe charmer :
Les bienfaits qu'il varie
Nous la font ſeuls aimer.
Fou, riche, pauvre, ſage,
Chacun le veut ſervir ;
A la ville, au village,
Ça fait toujours plaiſir.

✦✦✦

D'une grandeur frivole
Un Créſus fuit la loi :
Mais l'amour le conſole
Du malheur d'être Roi.
Le Monarque lui peſe,
Il brûle de ſe fuir ;
Quand l'ame eſt à ſon aiſe,
Ça fait toujours plaiſir.

✦✦✦

Lubin en ſa chaumiere
Eſt heureux par l'Amour :
La nuit eſt le ſalaire
Des peines du grand jour.

Aucun travail n'effraye
Son cœur plein du defir ;
Puifqu'Annette l'en paye,
Ça fait toujours plaifir.

❖❖❖

Loin de l'objet qu'on aime
On redit fes Chanfons :
On croit le voir lui-même
Nous donner des leçons.
D'une main on prépare
Des fleurs à lui cueillir ;
L'autre à fon gré s'égare,
Ça fait toujours plaifir.

❖❖❖

Près de ce qu'on adore
Un rien eft précieux :
Si fon teint fe colore,
D'amour ce font les feux.
Si les yeux ou la bouche
Craignent de fe trahir ;
Un bout de pied fe touche,
Ça fait toujours plaifir.

❖❖❖

La nuit un doux menfonge
Nous conduit au bonheur :
Dans l'ivreffe il nous plonge,

Il inftruit la candeur.
Mais le jour fur ce fonge
On aime à s'éclaircir :
L'Amour veut qu'on prolonge ;
Ça fait toujours plaifir.

Il fçait prêter fes armes
A l'objet qu'il conduit :
Que la laide a de charmes !
Que la fotte a d'efprit !
La veille eft Hébé même,
L'œil fçait la rajeunir :
Tout eft bon quand on aime ;
Ça fait toujours plaifir.

Climats, faifons, ufages,
Tout reconnoît fes loix :
Les temps, les lieux, les âges
Affermiffent fes droits.
Art, goût, force, foibleffe,
Tout nous le fait chérir :
Qu'il brûle, enivre, ou bleffe,
Ça fait toujours plaifir.

LA RÉCONCILIATION.

CHANSON.

AIR: *L'Amour caché, &c.*

OR écoutez une Chanfon
    Fort connue à Cythere :
Elle renferme une leçon
    Aux amans néceffaire ;
C'eft un bienfait pour la raifon
    Quand le plaifir l'éclaire.

Hier le Dieu qu'on nomme Amour
    Boudoit contre fa mere :
Il avoit fçu par quelque tour
    Mériter fa colere ;
Plus de plaifirs dans cette cour
    Quand tous deux font en guerre.

J'allois cherchant un bien réel
    Leur faire ma priere :
Quel infenfible & froid mortel
    N'eft pas leur tributaire ?
Trop fortuné fi de l'autel
    Je paffe au fanctuaire.

Quitte, me dit alors Cypris,
    Un Dieu trop infidele :
Renonce au culte de mon fils,
    Je suis bien moins cruelle ;
Tous mes bienfaits te sont acquis :
    Pour toi plus de rebelle.

❧>⊰❧

Non, dit le Dieu, crains de me fuir :
    Ecoute ton cœur même :
Eh ! qu'est-ce donc que le plaisir
    Sans ma bonté suprême ?
On ne peut point sans moi jouir,
    Et sans ma mere on aime.

❧>⊰❧

Comme il parloit, je vis entrer
    La Nymphe qui m'est chere :
On me vit alors célébrer
    Cette aimable bergere ;
Et la chanter c'est adorer
    Et Vénus & sa mere.

❧>⊰❧

A mon ardeur déja tous deux
    Ils vont porter envie :
Du spectacle d'un couple heureux
    Admirez la magie ;
Ma vive ardeur soumet deux Dieux
    Et les réconcilie.

❧>⊰❧

Amans ainſi ne brûlez plus
Pour un objet rebelle :
Mais le plaiſir devient abus
Quand l'ame eſt criminelle ;
Ah ! ſans Amour point de Vénus,
Et point d'Amour ſans elle.

ANNETTE ET LUBIN.

DIALOGUE.

ANNETTE.

Tendre Lubin ſois moi toujours fidele :
Que le bonheur t'enchaîne ſous ma loi ;
Vois quelle ardeur dans mes yeux étincelle ?
Mon ſeul mérite eſt de brûler pour toi.
Tu peux trouver une amante plus belle,
Mais qui jamais t'aimera comme moi ?

LUBIN.

Oui, ton Lubin ſera toujours fidele ;
Un nœud ſacré l'enchaîne ſous ta loi.
De tes beaux yeux une ſeule étincelle
Nourrit le feu dont je brûle pour toi.
D'autres pourront te mieux chanter, ma belle ;
Mais qui jamais t'aimera comme moi ?

ANNETTE.

En te verfant le rectar du myftere,
La jeune Hébé t'engageroit fa foi :
Au fein des ris la Reine de Cythere
A fes fujets te donneroit pour Roi.
J'ignore, hélas! quels font mes droits à plaire,
Mais qui jamais t'aimera comme moi?

LUBIN.

La jeune Hébé, le nectar du myftere,
Que peuvent-ils être au prix de ta foi?
Où tu n'es pas, il n'eft point de Cythere;
Et t'obéir n'eft-ce pas être Roi?
Tous mes rivaux auront plus l'art de plaire :
Mais qui jamais t'aimera comme moi?

ENSEMBLE.

De mon Lubin
De mon Annette } Obtenant le fuffrage,
Quel autre bien rendroit mon cœur jaloux?
Amante heureufe
Amant fidele } & tendre fans partage,
Avec orgueil je porte un nom fi doux,
Combien de cœurs le tendre Amour engage!
Mais aucuns d'eux ne s'aiment comme nous.

MANIERE DE GRONDER.

CHANSON.

Air: *Il faut quand on aime.*

Je dois pour lui prouver mes feux
    Bien gronder mon amie :
Quand l'Amour anime mes yeux,
    Son cœur m'en remercie ;
Je dois pour lui, &c.

Sapho j'en rougis en secret :
    Je fais tout pour moi-même ;
C'est par orgueil, par intérêt
    Que pour jamais je t'aime.
Sapho j'en, &c.

De mille cœurs le mien en tout
    Te vole les suffrages :
C'est à mon choix, c'est à mon goût
    Qu'ils rendent leurs hommages.
De mille cœurs, &c.

A vivre, à brûler fous ta loi,
　　Quel eft donc mon mérite?
Mon cœur foible & flétri fans toi,
　　Par toi veille & palpite.
A vivre, &c.

❧⟫⟨❧

Ainfi plus de remerciment,
　　Tu me rendrois coupable.
Du moins épargne ton amant :
　　Ton peu d'orgueil l'accable ;
Ainfi plus de remerciment,
　　Tu me rendrois coupable.

───────

L'ŒIL DE L'AMOUR.

C H A N S O N.

Jusques dans la moindre chofe
Je crois voir votre air empreint :
Pourquoi chéris-je la rofe ?
Elle m'offre votre teint,
Pour l'indifférent l'aurore
N'eft que le lever du jour ;
Dans vous je crois voir éclore
Les feux d'un fecret amour.

❧⟫⟨❧

Pour lui le naiſſant bocage
Eſt l'arbre qui va fleurir :
Pour moi le nouveau feuillage
Eſt le rideau du plaiſir.
Il ne voit dans le nuage
Qu'un corps du vent agité ;
Moi, je vois dans cette image
Un voile à la volupté.

Pour lui toujours Philomele
Ne chante que ſa moitié :
Pour moi c'eſt l'écho fidele
Des ſoupirs de l'amitié ;
Aimons donc, belle Thémire ;
Tout vous peint mes ſentimens :
Par un inſtant de délire
Payez des feux ſi conſtans.

━━━━━━━━━━━━━━━

L'USAGE DU CŒUR.

CHANSON.

A une jeune Dame qui m'avoit avoué ne connoître ni sa force ni sa foiblesse.

AIR: d'*Epicure*.

O vous, dont l'aimable jeunesse,
Pour l'amour est un vrai trésor,
Votre force ou votre foiblesse
Vous est donc un secret encor?
Que de biens cet aveu m'annonce:
Combien il prouve de candeur!
Mais n'oubliez point ma réponse;
C'est un larcin fait à mon cœur.

En amour c'est peu que l'on pense:
Il nous faut encore sentir;
Et la plus longue expérience
Ne vaut pas un jour de plaisir.
Un moment a fait ma science:
Vos feux pour vous font des secrets:
J'étois dans la même ignorance,
Avant d'avoir vu vos attraits.

Trop

Trop souvent une jeune épouse
Se livre à l'hymen sans desirs :
Mais la nature plus jalouse
Voit ce prêt sans y consentir.
Telle une musette docile
Sert à célébrer l'art d'aimer ;
Mais au Dieu d'Amour quoiqu'utile,
On la touche sans l'animer.

❧

Heureux celui de qui la flâmme
Sçait plaire & tout vivifier :
Dont la musette prend une ame
Dès qu'il en touche le clavier.
Bientôt la plus vive tendresse
Entre deux cœurs rend tout commun :
Leur force naît de leur foiblesse ;
Pour eux ces deux mots n'en font qu'un.

❧

Le cœur foible est dans la nature
Celui qui n'a point de transports :
Dont l'existence trop obscure
Gémit sous les moindres efforts.
Tout arbrisseau reste sans force
Si sa seve vient à languir :
Ce n'est qu'un tronc couvert d'écorce
Qu'on voit dès en naissant mourir.

❧

Jeune Eglé, faites votre gloire
De ce syftême de mon cœur :
La défaite devient victoire,
Quand on choifit bien fon vainqueur.
Pour être ingrat je fuis trop tendre :
Et chaque bienfait vaut fon prix ;
Eglé, laiffez-moi vous apprendre
Ce que vos beaux yeux m'ont appris.

P O R T R A I T

D E D E U X F E M M E S.

C H A N S O N.

A i r : *L'Amant frivole & volage.*

Amour, deux beautés nouvelles
M'offrent des traits enchanteurs :
Le feu de tes étincelles
Y brille & brûle nos cœurs.
L'une des deux m'intéreffe :
Mais je veux prouver fes droits ;
L'éloge de ma maîtreffe
Sera celui de mon choix.

L'infenfible Alcimadure
A des yeux grands, noirs & beaux :

Mais jamais à la nature
Ils n'ont prêté leurs flambeaux :
En elle on croit reconnoître
L'effet d'un secret transport :
Loin d'y voir le desir naître,
On n'en voit qu'un vain effort.

✦⟫⟪✦

Les beaux yeux de ma Julie
S'ouvrent un peu moins au jour :
Leur douceur est embellie
Par le voile de l'amour.
L'une parle pour soi-même,
L'autre parle de sa foi ;
Quand l'une dit : je vous aime,
L'autre vous dit : aimez-moi.

✦⟫⟪✦

Alcimadure plus fine
Semble apprêter son regard :
Elle aime, qu'on le devine ;
Sa fierté soutient son art.
Son œil prévient nos hommages
En louant ce qu'elle dit,
Et vient avec nos suffrages
A l'aide de son esprit.

✦⟫⟪✦

Julie en ouvrant la bouche
Semble répandre le miel :
De l'ame la plus farouche
Sa voix adoucit le fiel ;
Son œil avec éloquence
A chaque inftant vous dira ;
En moi le cœur parle & penfe ;
Quel efprit vaut celui-là ?

Voyez cette Alcimadure
S'admirer dans fon miroir :
En contemplant fa figure
Sa main foutient l'encenfoir.
Elle fe dit à foi-même :
Ces frippons trop heureux ;
Quand je permets que l'on m'aime
Des mortels je fais des Dieux.

La plus naïve Julie
Aime à s'oublier en tout :
Ses yeux, fes defirs, fa vie,
Sont pour l'objet de fon goût.
On entend fon cœur fidele
Dire en voyant fes appas :
Si la tendieffe rend belle,
Vénus je ne te crains pas.

Servez fous Alcimadure,
Amans légers & coquets :
Ne devez qu'à l'impofture
Vos foupirs & fes bienfaits ;
Quand fon orgueil m'interroge,
Toute beauté me déplaît :
L'œil qui fait fon propre éloge,
Malgré moi me rend muet.

Toi ! feule, aimable Julie,
Triompheras de mon cœur :
Mon ame à la tienne unie
Te doit déja fon bonheur,
Suivis des jeux fur tes traces,
Les plaifirs forment ta cour ;
Ce qu'eft un fourire aux Graces,
Tes yeux le font à l'Amour.

LES DEUX FLEURS.
CHANSON.
Romance du Tonnelier.

L'autre jour dans un bocage,
Un enfant, Dieu du plaisir,
De deux fleurs me fit hommage,
En me laissant à choisir :
Ce choix, dit-il, à votre âge
Me semble assez convenir.

L'une étoit fraîche & riante,
Un bouton l'embellissoit :
L'autre foible & moins brillante
Sur un jeune arbre naissoit.
L'une & l'autre étoit charmante,
Mais le choix m'embarassoit.

Enfin des raisons secretes
Fixerent mon jeune cœur :
Les couleurs les moins parfaites
Me firent choisir leur fleur ;
Ecoutez, jeunes fillettes,
Quel sentiment fut le vainqueur.

Le plaifir & la fageffe
Sous ces fleurs viennent s'offrir :
La plus brillante intéreffe,
Mais un jour la voit périr :
L'épine refte, & nous bleffe ;
C'eft l'image du plaifir.

❦

L'autre doit bien plus me plaire,
Son fruit doit naître & mûrir.
Alors l'enfant de Cythere
Se hâta de m'applaudir.
Ah ! que cette fleur m'eft chere !
Ses fruits font doux à cueillir.

LE DANGER DE LA VUE.
ROMANCE.

AIR : *L'Amant frivole & volage.*

GRANDS Dieux ! quelle douce ivreffe
Goûtent de parfaits amans !
Le plaifir de la tendreffe
Ravit leur cœur & leurs fens :
De Philis & de Titire
J'ai vu les doux entretiens :
Les feux qu'Amour leur infpire
Sont-ils devenus les miens ?

❦

Comme aux fleurs qu'il fait éclorre,
Zéphyr donne la fraîcheur :
Il caresse toujours Flore,
En caressant chaque fleur.
Titire heureux & fidele
Passoit de la rose aux lys :
Il chantoit plus d'une belle,
Et ne chantoit que Philis.

A leur cœur, leur œil fidele
Brilloit d'un éclat nouveau :
Ses regards la rendoïent belle,
Ses regards le rendoient beau.
Moi, qu'un tel spectacle touche,
Je sens les feux de tous deux :
Leur souffle brûloit ma bouche,
Leurs regards brûloient mes yeux.

Ah ! quels transports a fait naître
Ce court moment de plaisir !
Quel pouvoir change mon être !
Je ne fais plus que languir.
D'amour c'est le feu peut-être :
Comment me le définir ?
Quel mal que ne pas connoître
Le mal qui nous fait souffrir !

Mais d'une flamme fatale
Quel peut être le succès ?
Mon amie est ma rivale :
D'hymen les flambeaux sont prêts.
Que ma trop funeste extase
Va me causer de regrets !
Amour, comme un cœur s'embrase,
A voir des amans de près !

Ah ! du moins de tant de flammes
Daigne arrêter les progrès :
Cruel ! pourquoi de deux ames
Réunir sur moi les traits ?
J'aurois si bien leur constance,
Pourquoi n'ai-je pas leur sort !
Mon cœur n'a donc pris naissance,
Que pour me donner la mort.

LE JOLI TROC.
CHANSON.

AɪR: *Dans les Gardes Françoises.*

Hɪᴇʀ dans la prairie
Tenant mon flageolet,
Dans la main de ma mie
J'apperçus un œillet.
Je lui dis d'un air tendre,
Faisons un troc charmant :
Prends, & laisse-moi prendre,
Imite ton amant.

Volontiers, dit ma belle,
Mais n'y perdrai-je pas ?
Vois ma fleur, qu'elle est belle !
Qu'elle cache d'appas !
Ton flageolet, Silvandre,
Peut-être n'est pas bon :
Ou rend un son plus tendre,
Sous les doigts d'un garçon.

Bientôt la tendre Annette
Reconnut son erreur :

Jamais, douce musette,
N'eut un son plus flatteur:
Quel plaisir me dévore !
Je ne puis l'expliquer,
Amour, que n'ai-je encore
Mille fleurs à troquer !

Depuis ce jour aimable
Nous troquons chaque jour :
Rien n'est plus favorable,
Que le troc en amour.
On prend, on change, on donne :
Tour-à-tour on reçoit ;
On s'accuse, on pardonne :
On se paye, on se doit.

LA POUPÉE,

CHANSON.

Ah ! que je deviens rusée !
Depuis hier j'ai quinze ans :
Et dans mes transports naissans
J'ai laissé là ma poupée.
Mon cher Lindor, depuis peu
M'apprend bien un autre jeu.

Jadis maman allarmée
Me répétoit : un enfant
Se fait , ma fille , en jouant ,
Comme tu fais ta poupée ;
Mais mon berger depuis peu
M'a bien fait un autre aveu.

→>·<←

De lui toujours occupée ,
Lui seul m'amuse aujourd'hui :
Je lis , dors , joue avec lui ;
J'ai fait de lui ma poupée.
Ah ! mon berger depuis peu
M'apprend un bien joli jeu.

→>·<←

Sa tendresse est empressée :
De fleurs il pare mon sein ;
Il me fait soir & matin
Une nouvelle poupée ;
Ah ! mon berger depuis peu
M'apprend un bien joli jeu.

→>·<←

Votre jeunesse est passée :
Maman vous ne jouez plus ;
Mais la sagesse est abus :
Je veux garder ma poupée ;
Ah ! mon berger depuis peu
M'en a fait aimer le jeu.

LA RÉSISTANCE INUTILE.

CHANSON.

Menuet du Roi de Pruſſe.

LINDOR, pourquoi tant d'ardeur ?
Ah ! laiſſe en repos mon cœur :
L'Amour eſt un Dieu charmant,
    Mais trop inconſtant.
Dans ſes bras un cœur s'endort :
Bientôt ſe livre au tranſport ;
Mais la douceur du ſommeil
Cede à l'horreur du réveil.

D'abord le plus ſage amant,
D'un baiſer ſe dit content :
A l'accorder on conſent,
    En ſe défendant.
Il devient entreprenant,
Il perſiſte &.... l'on ſe rend ;
Puis l'ingrat parle en tyran,
Et ſe croit dû ce qu'il prend.

Lindor fais taire tes yeux :
Leur langage eſt dangereux ;

Et mon cœur trop plein de feux
  Me trahit pour eux.
Amour, quand on aime bien,
L'exemple ne fert à rien :
Envain on fait quelque effort,
Le combat te rend plus fort.

LA MANIERE DE REFUSER.

C H A N S O N.

A I R *du Vaudeville d'Epicure.*

Eglé, pour prix de mon hommage
Vous me demandez des chanfons :
Mais vous refufer feroit fage,
Je n'en ai que trop de raifons.
Quand à chanter un cœur s'effaye,
D'un feul couplet naît un grand bien :
Si l'Amour le dicte, il le paye ;
Cet enfant ne fait rien pour rien.

Si vos chants fecondent vos charmes,
C'eft unir trop d'attraits vainqueurs :
Eh ! n'avez-vous point affez d'armes,
Contre les trop fenfibles cœurs ?
Si vous ignorez quel fupplice

Souffre un cœur percé de vos traits,
Vous ne m'aurez point pour complice;
Je vous refuse des couplets.

Eh! fçait-on où pourroient conduire
Les tendres élans d'un beau feu?
Qui fuit, dans fes chants, fon délire,
En dit toujours trop ou trop peu.
Pour des couplets que l'Amour chante,
Phébus eft un Dieu trop commun :
Le cœur vous en auroit fait trente,
Que l'efprit n'en n'auroit fait qu'un.

ENVOI.

Ma Mufe, Eglé, par ftratagême,
Vous refufoit une chanfon :
Refufez-moi toujours de même,
Et retenez bien ma leçon.
Quand à fes genoux on foupire,
Une belle, doit pour fon bien
Tout accorder, & toujours dire,
Qu'elle ne veut accorder rien.

L'IRRÉSOLUTION VAINCUE.

CHANSON.

Sur un air des Auguftales.

Au verger
Mon berger
Veut ce foir me conduire :
Le délire
Qu'il m'infpire,
Pour moi devient un danger.

Un coup d'œil
Eft l'écueil
De ma force mourante :
Mais tremblante,
Quoique ardente,
Je n'irai point feul à feul.

Quels deftins !
Je le plains,
Je veux le fuivre & je crains.
Cher vainqueur,
Quelle ardeur !
Rien n'égale ma langueur.

Mais

Mais j'entends
Ses accens :
Tout augmente ma peine ;
Il m'enchaîne . . .
Il m'entraîne ;
Et malgré moi je me rends.

⬥⬥⬥

Quels soupirs,
Quels plaisirs !
Je partage ses desirs ;
Dieu des cœurs
Tes faveurs
Nous enivrent de douceurs.

⬥⬥⬥

Au verger
Mon berger
Seul à seul m'a conduite.
Son mérite
M'a séduite :
Mais j'en chéris le danger.

⬥⬥⬥

La pudeur
Dans mon cœur
Vainement s'en irrite :
Il s'agite,
Il palpite ;
Et le plaisir est vainqueur.
Tome II.   V

L'AURORE DU PLAISIR,

CHANSON.

AIR: *C'est la fille à Simonette.*

J'ENTREVOIS déja l'aurore
Que fait briller le plaisir :
Et mon cœur se sent éclore
Au feu naissant du desir.
Il n'est point d'effet sans cause :
Un rien m'anime & me plaît ;
Mais ce rien est quelque chose,
Dont j'ignore le secret.

Oui, mon cœur sort de l'enfance,
Je compte ses mouvemens :
Je me livre à l'espérance
D'en consacrer les penchans.
Pour un cœur sensible & sage
Les plaisirs sont des vertus :
Les biens naissent de l'usage ,
Les maux naissent de l'abus.

Mes sens brûlent d'une flamme
Que j'ignorois jusqu'alors :

Et leur pouvoir à mon ame
Fait partager ses transports.
Si l'aurore d'un cœur tendre,
Amour, offre tant d'attraits;
Ah! ne me fais point attendre
Le beau jour que tu promets.

LA RECRIMINATION,
CHANSON.

AIR *du Vaudeville d'Epicure.*

SAPHO, pourquoi me faire un crime
Du feu qui regne dans mes chants ?
L'Amour dicte, l'espoir l'anime;
Un cœur a des sons bien touchans,
Pour que l'Amour soit pathétique,
Faut-il qu'il parle foiblement ?
Près de vous est-on véridique,
Sans être aussi-tôt éloquent.

Zéphyre pour couronner Flore
Choisit-il les plus simples fleurs ?
De la rose qui vient d'éclore
Craint-il les trop vives couleurs ?
Je devois, pour vous rendre hommage,
Parler le langage des Dieux :

V ij

Je chantois leur plus bel ouvrage,
J'appris à m'exprimer comme eux.

Nous nous plaignons donc l'un de l'autre :
Près de vous mon efprit s'eft tu ;
Mais quand vous me prêtez le vôtre,
Comment n'en aurois-je pas eu ?
Mon cœur fuffit à me défendre :
L'efprit exige trop de foins ;
En me lifant foyez plus tendre,
Et tous deux nous en aurons moins.

LES QUATRE PARTIES DU JOUR,

CHANSON.

AIR : *Rien ne plaît, s'il ne vient, &c.*

O ma Sapho, quel aimable voyage !
Combien mon ame y goûte de douceurs !
Ecoutez fous ce joli feuillage
Murmurer les amoureux zéphyrs.
Dès le matin je vous adore,
Je ressemble au midi du jour,
Le soir je suis brûlant encore,
Et mon plaisir renaît au retour.

Oui, ce matin la nature brûlante
Me paroissoit s'embrafer fous vos yeux :
De vos bienfaits elle étoit brillante ;
Tout naissoit pour vivre de leurs feux.
Zéphyr ce foir foupire à peine :
Jusqu'à l'air tout est volupté ;
Mais on y reconnoît votre haleine
Aux transports dont on est agité.

Mais la nuit a de fes voiles fombres
Déja couvert ces aimables côteaux :

V iij

Quel aftre vient diffiper les ombres,
Et fe joue à travers les rameaux !
Ah ! loin de moi ces doux menfonges,
  Du fommeil trop vulgaire effet :
Mon cœur fuit la reffource des fonges,
Et par choix veille avec le refpect.

Ainfi toujours un mortel qui vous aime
Ne comptera les jours ni les faifons :
Sa douce ivreffe eft toujours la même ;
Il ne change que d'expreffions.
Pour vous l'excès de ma tendreffe
S'accroît en tout temps, en tout lieu ;
On unit donc près d'une Déeffe
Les fens d'un homme à l'ame d'un Dieu !

LES EXCLAMATIONS,

CHANSON.

AIR : *Com' v'la qu'est fait.*

Ce matin au fond du bocage,
Eglé difoit à fon Lindor,
Des plaifirs & de leur ufage
J'ignore les effets encor.
Chaque jour je fens que mon être
Aquiere un mérite fecret :
Mon fein déja commence à naître ;
Vois, mon ami, cet autre objet :
Com' v'la qu'eft fait ! (*bis.*)

Comme on voit la mouffe légere
D'une fource couvrir les bords,
Ainfi le duvet du myftere
Ombrageoit ces jeunes tréfors.
Lindor à ce charmant fpectacle,
Du plus vif defir fut faifi :
Bergere, quel heureux obftacle !
Mais quand enfin il eft franchi,
Ah ! q' c'eft joli ! (*bis.*)

Eglé, de l'enfant de Cythere
C'eſt le fruit le plus favoureux :
Chaque jour il ſçait pour ſa mere
En exprimer les ſucs heureux.
Si c'eſt un fruit, dit la fillette,
L'arbre en doit être bien parfait :
Mais bientôt la jeune indiſcrette
Cria : dis-moi donc ce que c'eſt ?
Com' v'la qu'eſt fait ?

Regarde-le cet arbre aimable,
Diſoit le berger plein de feux :
Vois comme ton ſouffle adorable
Le rend auſſi beau qu'orgueilleux.
Mais il faut que l'amour ſeconde
Cet arbre ſi beau, ſi chéri :
Quand ce Dieu même le féconde,
Et qu'à ſon fruit il eſt uni;
Ah ! q' c'eſt joli !

Uniſſons-les, dit l'innocente,
C'eſt-là ce qu'on nomme greffer :
Oui, ſi j'étois trop négligente,
La ſeve pourroit s'étouffer.
Ah ! cher Lindor, quelle eſt ta force,
Arrête, acheve, quel effet !
L'arbre déchire ſon écorce;

Cher Lindor, j'en ai du regret :
Com' v'la qu'eft fait !

Calme, dit Lindor, tes allarmes :
Chere Eglé, ton fort m'eft commun ;
Mais déja que de nouveaux charmes !
Arbre, caiffe, & fruit ne font qu'un.
Ainfi par les pleurs de l'aurore
Un œillet eft épanoui :
Le fruit plus vermeil fe colore ;
Mais déja l'arbre a refleuri :
Ah ! q' c'eft joli !

Ivre du nectar qu'elle goûte,
Ah ! q'c'eft joli, reprend Eglé :
Par les maux que le plaifir goûte,
L'amour veut qu'il foit redoublé.
Mais la voix lui manque, & fa flamme
Par trois fois expire & renaît :
Par trois fois rappellant fon ame,
Lindor dit d'un air fatisfait ;
Com' v'la qu'eft fait !

ENVOI.

Chere Eglé, de ma chanſonnette,
Agréez l'hommage & le ton :
Ouï l'Amour pour faire un Poëte,
Près de vous peut plus qu'un Apollon.
Pour prix de mon heureuſe audace,
Puiſſiez-vous, ſi mon feu vous plaît,
A Cythere, ainſi qu'au Parnaſſe,
Me dire au ſeptieme couplet ;
Com' v'la qu'eſt fait !

LES PROGRÈS DU PLAISIR,

CHANSON A PROVERBES.

Air: *Du Vaudeville d'Epicure.*

QUAND une fois d'un vain fcrupule
Un jeune objet brave les loix :
C'eft pour *fauter mieux qu'il recule* ;
Bientôt fon cœur a fait un choix.
Envain on feint d'être farouche,
Tout ce qui reluit n'eft pas or ;
Si l'on fait *la petite bouche,*
Rien n'eft pire que l'eau qui dort.

On accufe alors d'être fauffe
La trifte & févere raifon :
On fe met en goût : & *la fauffe*
Fait toujours aimer le poiffon.
On fe promet d'être fincere :
Autant en emporte le vent ;
Tant vaut l'homme, tant vaut la terre ;
Et l'appétit vient en mangeant.

Un sexe plus fort que le nôtre
Toujours desire en acquérant :
Nouveau choix : *un clou chasse l'autre ;*
Petite pluie abat grand vent.
Trop souvent en jouant la belle ,
A fait *d'une pierre deux coups.*
Le jeu vaut mieux que la chandelle ,
On l'a brûlé par les deux bouts.

❧≫≪❧

Bientôt son desir est furie :
Et tout ne sert qu'à l'irriter ;
Toujours *en attendant partie*
Elle ne croit que *pelotter.*
Plus elle boit, plus on l'altere :
Elle aime à *nager en pleine eau ;*
Mais pour *former grande riviere*
Il faut plus *d'un petit ruisseau.*

❧≫≪❧

Un crésus, qui se rend justice ,
Vient mettre le plaisir à prix :
Pour lui , *point d'argent, point de Suisse ,*
C'est *à vieux chat, jeune souris.*
La belle a bien plus d'un système
Pour le cœur & pour l'intérêt :
Et par ses soins les rivaux même
Sont deux têtes dans un bonnet.

❧≫≪❧

Le plaifir eft *de l'or en barre.*
Dans les bras du Créfus jaloux :
Mais le vieillard d'humeur bizarre
Voit qu'on le trompe , entre en courroux.
Vos façons, Monfieur, font étranges,
Dit la bonté ; c'eft moins que rien ;
Je hais *les perdrix fans oranges :*
Puis *un peu d'aide fait grand bien.*

'A ce difcours de l'imprudente
Le fot vieillard jure & s'enfuit :
Le dépit la rend plus ardente ;
Mais tôt ou tard *trop gratter cuit.*
Le repentir hâte fa chûte :
Bientôt elle paye à fon tour ;
Ainfi, *ce qui vient de la flûte*
Retourne à la fin *au tambour.*

LES PORTRAITS A LA MODE.

CHANSON.

CHERCHER dans l'hymen les rapports des cœurs,
Du tendre Amour y trouver les douceurs;
Compter pour rien Plutus & fes faveurs,
     C'étoit la vieille méthode;
Couple ennuyeux qui s'unit fans s'aimer,
Qui fe marchande au lieu de s'enflammer,
Que l'intérêt a feul droit de charmer,
     Voilà les époux à la mode.

Aimer pour la vie un objet charmant,
Ne voir jamais que l'amour en aimant;
N'être guidé que par le fentiment,
     C'étoit la vieille méthode;
Jolis papillons toujours prêts à fuir,
Dédaignant la fleur qu'ils ont pu cueillir,
Ingrats dont la feinte eft le feul plaifir,
     Voilà les amans à la mode.

D'un jeune cœur obferver les foupirs,
L'étudier pour fixer fes defirs,
Le bien guider dans le choix des plaifirs,

C'étoit la vieille méthode ;
Mere coquette, & jalouse d'encens,
Autant que sa fille avide d'amans,
Par son exemple excusant les penchans,
 Voilà les mamans à la mode.

❧

De la prudence écouter les leçons,
Braver la mort, les rigueurs des saisons,
Ignorer l'art des foibles Céladons,
 C'étoit la vieille méthode.
Parler rubans, coëffures, & pompons,
Craindre pour son teint, offrir des bombons,
Parler des yeux, mignarder des chansons,
 Voilà les guerriers à la mode.

❧

Être hérissé de Grec & de Latin,
Fuir les plaisirs d'un monde trop malin,
Ne point hazarder un seul air badin,
 C'étoit la vieille méthode ;
Gentil perroquet au bec libertin,
Frippon mignard, au geste clandestin,
Enfant musqué, moins homme que pantin,
 Voilà les Abbés à la mode.

❧

Toujours en partage avoir la candeur,
Être réservé sur le point d'honneur,

Ne parler jamais que d'après son cœur,
　　C'étoit la vieille méthode;
Se plaire à présent à duper les sots,
Par l'équivoque envelopper ces mots,
Etre gascon dans ses moindres propos,
　　Voilà les parleurs à la mode.

〜〉〉〈〈〜

Mettre son mérite à sçavoir obéir,
Respecter son maître, & le bien servir,
Ne le point frauder pour mieux s'enrichir,
　　C'étoit la vieille méthode;
Escrocs, intrigans, qui font bien leur part,
Des vices d'un maître usant avec art,
Pour devenir des Marquis tôt ou tard,
　　Voilà les valets à la mode.

F I N.

TABLE

DES FABLES,

Epîtres, Pieces fugitives, Variétés littéraires, & Chanſons contenus en ce volume.

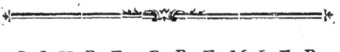

LIVRE PREMIER.

FABLES.

Tome II.   X

LIVRE SECOND.

ÉPITRES.

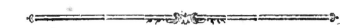

LIVRE TROISIEME.

PIECES FUGITIVES.

LIVRE QUATRIEME.

VARIÉTÉS LITTÉRAIRES.

LIVRE CINQUIEME.

CHANSONS.

FIN DE LA TABLE.

FAUTES A CORRIGER
dans le Tome deuxieme.

PAGE 34, *ligne* 11 : Plus de vîteffe & moins de pefanteur : *lifez*, Moins de vîteffe & plus de pefanteur.

Page 37, *ligne* 18 : On eft ainfi privé : *lifez*, prifé.

Page 42, *ligne* 13 : Prouvoit que l'intérêt du defir : *lifez*, l'inftinct du defir.

Page 85, *ligne* 7 : Je ne rifque point par trop de hardieffe : *lifez*, Je ne me rifque point.

Page 103, *ligne* 12 : A celui-ci douze autres fe fuccéderent : *ôtez* fe.

Page 121, *ligne* 11 : Mais en ce jour une vive flamme : *lifez*, une plus vive, &c.

Page 157, *ligne* 10 : Vous ignoriez leurs appas : *lifez*, vous ignoreriez.

Page 164, *ligne* 17 : Quand un couple amoureux s'embraffe : *lifez*, s'embrafe.

Page 263, *ligne* 10, il le lui donne lui feul, *lifez*, il le donne, &c.

Page 278, *ligne* 18 : & Vénus & fa Mere : *lif.* & l'Amour & fa Mere.

Page 294, *ligne* 21 : Quel fentiment fût le vainqueur : *ôtez* le.

Lightning Source UK Ltd.
Milton Keynes UK
UKHW051825020320
359622UK00007B/596